Dédié à mon fils Nicolas, à ma collaboratrice et amie Jacqueline.

Chapitre 1

Tout débuta à l'âge de 5 ans pour mon fils, date où je quittais la maison. Il croyait me suivre, il m'attendait avec sa petite valise près de la porte persuadé qu'il me suivrait partout.
Il répétait à mon ex-femme : « ne t'en fais pas je viendrai te voir à l'occasion, quand papa ira mieux de la maladie ». Je ne pouvais cesser de pleurer en le voyant ainsi, l'entendant à travers la porte me dire : « je te hais de ne pas m'emmener avec toi. »
Mon cœur était brisé de ces paroles blessantes prononcées pas l'être le plus important de ma vie : mon fils Nicolas. Moi, qui l'avais éduqué depuis sa naissance alors que sa propre mère ne voulait pas de lui, désirant une fille pour câliner. En 5 ans, jamais elle n'avait voulu le prendre d'aucune façon ou le changer de couche.
Je l'avais initié à jouer et participer aux tâches de la maison ludiquement. J'étais cloué sur mon fauteuil d'handicapé suite à la Sclérose en Plaque de façon supposément permanente pour le restant de ma vie.
Dès sa jeunesse, Nicolas souffrait d'otites à répétition. Il dût être opéré rapidement, des bâtonnets de cire furent fixés dans ses oreilles durant un an. Cette situation est arrivée, hélas, lorsque mon état de santé m'a cloué dans un lit d'hôpital. Dans l'impossibilité de m'occuper de Nicolas c'est sa mère qui obtint la garde de notre fils. Pourtant au cours de cette période sa mère avait

rencontré, déjà, plusieurs canailles ne désirant que se faire entretenir, empruntant sa voiture pour souvent 2 à 3 jours car ils étaient camionneurs. Ils avaient une autre femme dans leurs vies. Celles-ci étaient plus minces et moins frustrées que la mère de mon fils face à son surplus de poids.

De mon côté les choses avaient bien tournées !

A cette époque, je vivais avec une femme menue et délicate s'attachant à mon fils comme s'il était le sien. Prénommée Micheline, elle était semi-pensionnée de Radio Canada en tant que bibliothécaire. Nicolas grandissait et pour son âge il savait se défendre grâce aux cours d'auto défense que je lui avais enseigné jeune, de plus chaque matin à mon levé il s'approchait de moi en disant la chaise ou la marchette papa en riant de bon cœur. Les périodes de lessives je lui avais enseigné la bonne façon de faire celle-ci en séparant les blancs, les foncés et les couleurs par petits tas sur le plancher près de la lessiveuse, de façon à ne pas modifier les couleurs des vêtements ou autres. Ce qui était drôle, en ce temps là c'est qu'à tout le monde il disait que son père jetterait par la fenêtre quiconque toucherait à son fils sans exception aucune.

C'était devenu, pour nous, comme une façon de le rassurer de la vie et de la violence des gens. Je lui répétais aussi que courir était la meilleure défense de la vie en cas de mauvaises situations. C'était déjà un petit bout d'homme prévenu des éventualités de la vie future en cas de conflits : « ne jamais se mêler des choses qui ne soient pas injustes et de défendre les plus faibles que lui pour de bonnes causes. »

Je n'avais pas encore commencé mon ergothérapie à ce moment là car le CLSC offrait à mes services une personne que trois à quatre fois par semaine, ce qui était trop lent à mon avis pour remarcher un jour. Entretemps, j'ai eu un différent avec Micheline et ma condition que je n'acceptais pas donc la relation se termina selon ma volonté et j'ai obtenu une nouvelle ergo du CLSC : Ginette.

Ginette était plus compréhensive face à ma volonté, ténacité et vision des choses. Je m'inscrivis donc à un studio de gym et fis des sept jours sur sept, toutes les semaines sans restriction, selon ma motivation et mes capacités mes exercices de rééducation. J'arrivais dès huit heure du matin jusqu'à la fermeture vingt heure pour enchainer les exercices nécessaires à une éventuelle amélioration de ma mobilité.

Les douleurs, les déchirements ressentis au plus profond de moi-même faisaient jaillir des pleurs déstabilisant pour un homme au caractère bien trempé.

Les instructeurs semblaient unis pour ne pas m'encourager, j'entends encore leur : « vous ne serez jamais capable… », ce qui blessait mon orgueil de mâle et de pratiquant d'arts martiaux durant huit ans dans ma jeunesse, mes disciplines le Tae Kwong do, Bushido, Hapkido et Aïkido.

Je ne laisserais jamais une maladie avoir une emprise sur moi ou sur ma volonté. Je me battrais jusqu'au bout et ferais selon l'expression « à ma tête ».

Au cours de cette période là, Nicolas me voyait tous les matins m'entrainer et faire au sol les exercices à ma portée et capacité. Je lui répétais, je suis un gagnant et rien ne m'abattra dans la vie. Il me fallut près de

TRENTE mois pour retrouver l'usage de mes jambes et mes bras presque parfaitement versant assez de larmes pour remplir un étang. Mais les résultats étaient là et je décidais d'aller voir mon neurologue pour lui démontrer que je battais la maladie à ma façon et selon mes propres choix.

Il me dit : « Tu auras d'autres éléments dans l'évolution de ton cas » et je lui répondais « une chose à la fois et une marche après l'autre par ma volonté. »

Je m'entrainais sans relâche du matin au soir et tous les jours Nicolas me suivait à la garderie du gymnase quand il était avec moi. Il adorait cela et jouait avec des enfants différents régulièrement. Il disait aux autres enfants que la salle de gym était à moi puisque j'y allais tous les jours. A cette période Ginette était en procédure de divorce et se cherchait un logement donc je lui ai proposé de devenir colocataire étant donné qu'elle passait toutes ses journées et soirées avec moi au gymnase, c'était le plus raisonnable à faire dans pareil cas.

De plus le transport était moins fatiguant pour les deux comme pour tout le reste (repas, commissions et autres). C'est à cette époque que germa en moi l'idée d un groupe de mercenaire faisant la vie dur aux gangs de motards (mais cela sera pour une prochaine histoire).

Je redeviendrais un homme d'action et d'honneur comme je l'avais toujours désiré depuis ma tendre enfance. Mon ex-vie de créateur en Marketing n'était plus que passé et je devais passer à autre chose pour être satisfait. La cohabitation dura presque 14 ans chacun étant libre de sa vie et sa destinée sans jugement et ni attente envers l'autre. Certes ma détermination donnait à Ginette de la vitalité et du caractère. En partageant ma vie, elle acceptait mon caractère aigri et sans limite pour vaincre la maladie. Je sentis même quelques réactions d'acclamation sur certains points difficiles que je réussissais à vaincre, peu à peu, mais sûrement tous les jours. Voyant que ma famille me tournait le dos elle parla de moi à ses parents qui sans me connaitre me voyaient comme un gagnant né. Souhaitant en savoir plus sur moi, ils m'ont invité. Parfois sa mère nous préparait des repas pour chez nous et son père me parlait de mes batailles comme si lui même menait un combat à mes cotés en m'encourageant de son mieux.

Ma famille ayant coupé les ponts, n'admettant pas les conséquences de cette maladie, n'acceptant pas la maladie par elle-même en fait… Je travaillais d'arrache pieds à me remettre d'aplomb, sur mes jambes, et retrouver l'usage de mes bras avec acharnement.

Mon corps endolorit me faisait vivre le martyr surtout le soir mais je n'abandonnerai pas le combat. Les nuits étaient longues, jamais auparavant je n'avais pris de pilules et là je me gavais de celle-ci pour lutter contre la douleur lacérante.

Je n'avais même pas touché une aspirine jusqu'au jour de ma première crise et voilà que je devais prendre une panoplie de médicaments et subir de multiples tests pour finalement ne pas obtenir un verdict final de ma para parésie car la résonnance magnétique ne pouvait me certifier la Sclérose en plaque vue le diamètre trop étroit pour me laisser entrer dans ce que j'appelle le caveau mesurant à peine 50 pouces de diamètre alors que mon tour d'épaule lui était de 54 pouces .

Mon médecin a simplifié le problème en me disant nous confirmerons par élimination des autres maladies et les symptômes qui apparaîtront avec les années. Sur la base d'un an, il me vit évoluer avant de donner son diagnostique et me recommanda de ne pas forcer mes nerfs et muscles pour rien, d'accepter l'état des choses qui m'étaient destinées.

Avec ma tête dure, je continuais de m'entrainer à un rythme démesuré n'acceptant pas le fait d être en fauteuil roulant toute une vie durant. En ce temps, mon ex-femme et sa famille se débarrassaient des preuves et factures de biens que j'avais acquis et payés lors de notre union. Les documents étaient rangés dans une valise par protection contre un incendie. Il ne fut pas difficile à mon ex femme et sa famille d'entreprendre les démarches de divorce ma belle-mère italienne très attachée à l'argent, avait un cousin avocat.

 De plus, je peux dire à ce jour que mon ex-femme avant de me rencontrer avait déjà délesté son premier mari de tous ces biens, aidée de sa famille bien sûr ! Ils avaient profités de l'absence de ce dernier pour déménager tous ses biens et meubles de la maison. Sous prétexte qu'il était violent, elle l'avait dépossédé de tout et simultanément déposé une plainte pour qu'il ne puisse revenir chercher ses affaires. La loi était en la faveur de celle-ci sans même une seule preuve de violence. Il ne put jamais retrouver ces biens.

Elle me préparait le même style de plan que pour son premier mari à l'exception que moi j'étais hospitalisé et sans ressource pour me défendre. Elle ne pouvait m'accuser de violence j'étais hors de la maison et sans aucune réponse à mes appels téléphoniques. Elle passait me voir de temps à autres sans que je soupçonne quoique

que ce soit de croche dans mon dos. Elle me disait à sa venue je t'aime et tu dois te battre selon ton choix.

Le verdict venait à peine de tomber concernant la confirmation de ma sclérose en plaques que la même semaine je reçus la visite d'un huissier m'apportant la demande de divorce déjà remplie et contenant tous les termes qu'elle désirait voir accepter de mon côté.

« Ma déchéance commença à ce moment là et renforça mon désir de retrouver mon autonomie ».

Je n'eus même pas quatre heures pour me présenter et faire l'inventaire de mes choses car elle disait aux policiers que j'étais dangereux en fauteuil roulant et que j'emmenais avec moi un témoin pour confirmer mes faits et gestes contre ses paroles pour ne pas être emprisonné.
Face à la requête en divorce alors que j'étais encore à l'hôpital et en réhabilitation pour me faire une santé plus stable cette annonce ne m'étonna pas du tout provenant d'une femme qui était attaché à l'argent plus qu'aux humains. Nous avions partagés près de neuf ans de vie commune sous la tutelle de ses parents qui dirigeaient les choix de mon ex-femme, jaloux du matérialisme des gens autours d'eux les traitant comme des bandits et des voleurs. A leurs yeux personnes ne réussissaient sans frauder ou voler le gouvernement et les gens alentours. Toutefois le temps où je gagnais plus de 6 chiffres en salaire, période où je changeais le mobilier 2 à 4 fois par année mon ex-femme n'a jamais fait fine bouche.
En ce temps là, au lieu de me faire payer je recevais des biens en nature comme cadeau à tester parfois, certes cela me permettait de sauver de l'impôt, mais delà à être traité de voleur ou de pratiquer le blanchiment d'argent

sans vraiment savoir de quoi ils parlaient il n'y a qu'un pas à franchir face à leurs paroles vexantes.

Dés le départ quand ils ont appris que leur fille vivait avec un homme depuis déjà 6 mois lors d une invitation à souper, le père fut outré de voir que le compagnon de travail que lui-même réservait à sa fille n'aurait plus espoir de vivre avec cette dernière. Après cette soirée, il ne se gênait pas de dire X nous ne l'avons pas choisi, tu nous l'as imposé sans en discuter à la famille. Donc j'ai été tout ce temps, le paria de la famille, comparativement à la famille de Ginette où j'étais source de fierté et d'exemple à suivre pour ma persévérance à atteindre mes buts.

Mais revenons à mon histoire de réhabilitation tout en force et batailles à remporter sur la maladie ; Pour le divorce je n'avais pas du tout la tête à cela et ne me battis même pas dans les clauses de séparation de biens ma santé primant sur tout.

Le reste n'étant que des biens, je récupèrerais avec les années plus que je n'avais perdu en valeur matérielle.
« **Mon objectif vaincre la maladie !** »

Nous étions en 1991, année où je perdis mon père et ma source d'inspiration à mon combat, une légère baisse d'amélioration se fit ressentir dans mon évolution et j'eus pour la première fois de ma vie la peur de perdre mon attention et ma force de vaincre ce sur quoi je n'avais aucun contrôle véritable. Une chance que les parents et Ginette aussi étaient là pour me soutenir même si je n'avais aucun lien de famille ou même de conjoint en me disant ne lâche pas, ton père est fier de ta victoire et il te le dirait encore s'il était là.

Tu te bats pour toi avant tout et non pour les autres, mon orgueil était de nouveau rechargé et ma quête de victoire devenait prioritaire à mes yeux.

Ma relation avec mon fils se noua de plus en plus fort malgré les méchancetés de mon ex-femme qui s'adonnait avec joie d'écrire des textes dont elle me disait être l'auteur « répétant à Nicolas que je n'avais pas de temps pour lui et que mon amour envers lui n'était que pécunier pour me faire vivre d'une pension de sa mère. » Elle était si cruelle que même lors de ces départs pour venir me voir elle fouillait son sac à dos de fond en comble pour s'assurer que Nicolas n'avait pas une de ses lettres malsaines que normalement elle déchirait après lui avoir lu. Mais comme il n'était pas fou, il avait recollé quatre à cinq lettres qu'elle avait oubliées de jeter aux poubelles et il les cacha dans ses bas. Il mit ses souliers pour me les apporter preuve qui joua en ma faveur pour ne pas perdre la paternité de mon fils qu'elle visait à me faire subir.

Il a été réprimandé par sa mère lorsque mon avocat présenta en preuve les lettres. C'est la raison pour laquelle la DPJ (département police Jeunesse) l'obligea à suivre une thérapie d'au moins quatre mois, deux fois par semaines pour la remettre face à la réalité. Mais cela ne put que déclencher sa haine contre moi-même, il en résultat mon arrestation après la discussion avec l'un des truckers qui partageait sa vie avec elle. Ce dernier levait les bras sur mon fils en jouant à des jeux d'hommes. Le bris de jointures et des tapes sur les oreilles alors que Nicolas étaient fragile de l'ouïe… fit que mon fils me téléphona un vendredi soir. À ce moment là j'étais chez ma mère. Il me dit en pleurant : « papa vient me chercher s'il te plait. » Je lui demandais ce qui se passait et il me raconta vivement toute l'histoire avant que le copain de mon ex-femme ne lui enlève l'appareil des mains et raccroche.

Je recontactai immédiatement mon ex femme pour savoir de quoi il en retournait avec Nicolas mais elle prit la défense de son copain en disant que Nicolas le provoquait en lui répétant que dès que je saurais ce qu'il lui faisait, j' allais me charger de le jeter en bas du balcon du second étages pour le protéger de lui.

Chapitre 2

Mon premier contact avec la loi

La communication fut subitement interrompue, je rappelai aussitôt pour connaitre la suite et cela au moins à 8 reprises avant d'entendre une voix d'homme inconnue et la voix de Nicolas derrière disant mon père va te faire ta fête et un bruit sourd claqua (c'était Nicolas qui pleurait). Je lui dis : « je ne te connais pas mais toi tu vas me connaitre très tôt. » Et il me répondit : « mange de la merde je ferais ce que je veux à ton gars. »
Je raccrochais et me dirigeais prendre mon manteau alors que ma mère me suppliait :
« Ne vas pas là-bas tu connais ton ex-femme, elle va te faire des problèmes. »
Et je lui jurai que personne au monde ne toucherait à mon fils sans connaitre ma colère et encore moins un merdeux impoli. J'étais à vingt minutes d'auto de chez mon ex-femme mais je ne pris que la moitié du temps régulier. J'étais à la porte devant la maison où vivait Nicolas. Mon fils me vit du balcon et entra dire que j'étais là, que le copain allait faire ma connaissance.
D'après ce que je lui avais dit au téléphone : « je lui mettrais du plomb dans la tête » (lui faire comprendre le bon sens). Mais Nicolas s'écria : « il se sauve par derrière en sautant du second étage courant et enjambant les clôtures de la ruelle à toute vitesse. »

Le temps que j'arrive derrière, il était déjà très loin devant. Donc, je revins au devant et vis mon ex-femme descendre l'escalier pour se sauver, elle remonta en criant comme une folle « il va nous battre. »

Puis, je retournai à ma voiture et me dirigeai chez les beaux parents lentement. J'ai demandé à ces derniers de contacter mon ex-femme et d'amener mon fils devant chez eux dans les minutes à venir. Je suis retourné m'asseoir dans la voiture sagement. Au bout de 4 minutes je vis arriver six voitures de Police et dix agents se stationnant autour de la mienne. Je descendis sagement de la voiture allant à la rencontre d'un policier installé dans la voiture de service. Personne n'était venu me parler encore ! Poliment, je demandais au policier ce qui se passait dans le quartier pour avoir autant de véhicules au même endroit, il n'osa pas dire autre chose que « Monsieur X, retournez à votre véhicule mon patron est chez votre fils et il vient vous voir très bientôt. »

Une auto noire s'approcha et resta à au moins douze mètres de moi. L'agent me somma de descendre de la voiture les mains devant et de m'allonger au sol sans restriction ni ardeur. Tous les policiers sortirent l'arme au poing en ma direction, chose que je fis sans refus et tranquillement, 4 policiers vinrent me passer les menottes aux poings et aux pieds avant de me relever avec vigueur. Je sentais la peur autour de moi et face à moi dans leurs yeux.

Suite à mon arrestation par la police de quartier je fus amené au poste et mis en prison pour le soir du Vendredi jusqu'à 23h50 environ. Un souper fût servi et je repris le camion de la fin de soirée qui faisait le ramassage dans ce secteur de la ville pour être transporté à la centrale de

Police où tout me suivit dans une enveloppe sauf mon argent qui, lui, sert à payer les cigarettes saisies aux indiens. Cigarettes qui seront revendues à l'intérieur des murs de la prison (aucunes cigarettes personnelles tolérées dans les murs.) Une cellule pouvant accueillir plus de 60 prisonniers fut ouverte m'y laissant entrer alors que d'autres cubicules eux étaient déjà plein. Dans un coin une toilette à aire ouverte crasseuse et aux cotés un abreuvoir rempli d'urine et de mouches mortes sont aux besoins des prévenus.

Tout le week-end des individus y sont amenés à toutes heures. Les gardiens sont dans un autre coin jetant un œil sur les cellules mais ne se mêlant de rien coté bagarres ou chicanes, disputes entres détenus, si ce n'est de crier « baissez le ton » à l'occasion, au travers d'une grande vitrine où se trouvent aussi 4 téléphones payant et sous écoutes. Téléphones servant à contacter les avocats de l'aide juridique ou pour des appels personnels, ces derniers roulant de très loin plus rapidement que ceux de l'aide juridique.

    Etant de tempérament calme je faisais mes choses jusqu'à ce que je contacte une amie vers minuit trente pour qu'elle aille chercher ma voiture toujours devant la maison des parents de mon ex-femme. Je ne souhaitais pas la faire remorquer par la police, je discutais paisiblement lorsqu'un individu drogué passa près de moi et s'arrêta en m'ordonnant de laisser le téléphone comme un sergent d'armée aurait fait en me criant dessus. Puis il repartit pour un autre tour de notre cage à tous. Il revint une seconde fois et refis le même manège.

Je lui dis que les autres téléphones étaient disponibles mais cela ne changea en rien la situation. Il revint, je continuais ma discussion téléphonique comme je pouvais.

    Amené à la prison centrale et ce bonhomme gelé comme une balle me donnait déjà des ordres ! Non pas de cela, s'en était trop... Je pris le combiné du téléphone et d'un coup sec et franc je lui brisais le nez. Il ne réagit même pas et s'en retourna refaire le tour de la cellule comme la dernière demi-heure passée. Ma copine qui avait entendu le bruit sec me demande es-tu « ok « et je lui raconte ce qui vient de se passer.

Elle me dit : « fais attention à toi et ne frappe plus personne cela m'énerve de te savoir là. »

Finalement je retourne m'assoir dans le fond et un autre détenu arrive. Il est accompagné de huit policiers armés jusqu'aux dents. Le détenu est enchaîné des pouces à ses chevilles, il avance lentement. Le geôlier vient lui ouvrir la porte, à son passage lui bloqua un pied, lui fit un croque en jambe qui le fit tomber.

Personne ne ria ni ne parla face à ce geste déloyal et gratuit de peur de ne pas quitter par la suite la cellule rapidement. Je me levai et suis allé l'aider à se remettre debout. Les autres détenus s'éloignèrent nous laissant passer jusqu'au banc vissé au mur, tout autour, tout le fond de la salle se vida.

Le type avec des cheveux longs qui lui cachaient le visage s'assoit et me murmure :

« Aurais-tu une cigarette » s'il te plait d'un ton très calme.

Je sors une cigarette et l'allume pour lui avant de lui mettre au « bec », il me remercia.

Et je lui dis :

« Tiens voici un paquet neuf. Tu me diras quand tu en voudras, je t'allumerais volontiers les prochaines cigarettes. »

Il me répondit :

« Si tu veux dormir fais-le, je suis là et personne ne viendra te harceler pendant ton sommeil.

Je discutais avec le nouveau venu et il me dit tu es novice ici à ce que je vois.

Je répondis : « oui cela se voit tant que cela. »

Il ria et me dit : « mon nom est personne et tu dois avoir un avocat de l'aide juridique, alors lève toi et téléphone à ce numéro et dis au gars de venir de ma part tu as besoin de lui, il te sortira d'ici rapidement. Moi je suis condamné quatre fois pour la vie au super pénitencier, il me connait. Je ne sortirai jamais sauf en m'évadant comme je viens de le faire. Ma blonde avait besoin de moi pour un con, je l'ai brassé un peu et quand il n'a plus bougé, j'ai contacté les policiers pour venir me prendre. Si un jour tu as besoin de moi je serais là pour toi. Tu es un gars correct j'en retiens cela de toi, donc je t'en dois une de revanche. J'ai tué six gardiens en les jetant du troisième étage des escaliers au Super Max. Je suis ceinture noire de Kung Fu et je fais mon temps au cachot depuis des années déjà. Je retourne chez moi en prison …

Puis les gardiens sont venus le chercher pour l'emmener dans une autre aile où sont des cachots de week-end. Ils étaient huit pour le tabasser avec les mains, les pouces et les jambes attachés à coups de pieds et coups de poings lui disant tu vas crier mon hostie de pourri et malgré tout cela jamais il n'a prononcé un mot. En dernier après avoir été arrosé d'eau et battu ils l'ont ramené.

Et en entrant dans notre cellule, l'un d'eux a dit : « on prend les photos de chacun de vous et je m'occuperai un de ces jours de vous tous les sales. Vous paierez la note les flots, promis, je reviendrai et vos familles seront sur ma liste aussi.

Je suis retourné le relever une seconde fois et l'assis à coté de moi, il me regarda et ajouta :

« Tu vois que je suis connu, ne t'en fait pas pour moi, tu peux te reposer tranquille ».

Quinze minutes après m'être assoupi sur la banquette j'entendis des noirs dire à un détenu de leur donner une cigarette et à son refus, ils l'ont tabassé à cinq types. Quelqu'un cria y a un gars au sol. Les gardiens sans broncher crièrent « lève-le et adosse-le au mur, puis fermez vos gueules crisses ! »

Oui, les cigarettes sont un trésor dans les prisons et j'en possédais trois paquets dans mes poches. Je venais de comprendre les lois du milieu tout comme je m'étais fait un ami très influent en dedans des murs. Où que j ailles tout le monde en avait peur alors que moi j'étais comme l'idiot qui aidait un compagnon de cellule.

Il m'apprit toutes les règles à suivre à l'intérieur d une prison :

1) ne jamais se mêler de ce qui ne me regarde pas

2) ne jamais regarder dans une cellule d'autres prisonniers quoiqu'il se passe

3) être et demeurer seul dans ma bulle sans prendre pour un ou l'autre

4) voir à ne pas porter de rouge ou de bleu et autres couleurs si tu ne fais pas parti d'un gang et que leurs symboles est d'une couleur différente sinon tu peux te faire tuer dans un bingo (bataille créer pour détourner

l'attention des gardiens lors d'un meurtre à venir en dedans

5) Tu n'entends rien mais ne vois rien et ne dis jamais rien de ce qui se passe autour de toi sous peine de mort

Ceci n'étant qu'une brève description de ce que peut être un week-end du Vendredi au Lundi 18h00, heure où sont relâchés ou transférés les individus emprisonnés.

Ce fut une première expérience très marquante dans ma vie surtout que je sortais à peine de ma réhabilitation pour marcher, que j'essayais de comprendre ma Sclérose en Plaque. Alors que c'est une maladie qui joue extrêmement sur les émotions et le physique tout évènement peut déclencher une crise grave de paralysie permanente ou partielle.

Je suis donc rentré chez moi stressé et enragé par ce que j'avais pu voir de ma personnalité lorsqu'enfermé dans une cage avec des bêtes humaines, au cours de ce week-end j'étais devenu un autre que moi-même réagissant comme le tigre en cage prêt à attaquer pour se défendre comme il le peut. Au Diable la vie tranquille à laquelle j'étais attaché dans le quotidien, il me fallu des années avant de refouler ce type d'instinct et surtout ce que j'étais dans un milieu de crapules et de désaxés de toutes sortes.

Mon fils me contacta une semaine après pour me dire qu'il ne pouvait pas venir chez moi pour le week-end comme prévu. Ce type de réponse me fut réservé durant presque un an à cause des lettres et des paroles dont Nicolas fut accablées par mon ex-femme.

Suivi par un psychologue du collège privé où Nicolas fut inscrit, son quotient intellectuel étant trop développé, il passa des évaluations scolaires et fut changer de classe sautant presque trois ans de scolarité.

Etant donné sa grande ouverture d'esprit face à l'apprentissage Nicolas a connu son alphabet et le calcul ainsi que l'écriture très tôt etc… Il réussit le test d'équivalences de la commission scolaire et fit son entrée au collège privé dans l'ouest de la ville Outremont. N'ayant pas de coût à défrayer pour sa scolarité car mon ex-femme travaillait pour le Collège au moins j'étais rassuré de le voir évoluer là bas jusqu'au niveau secondaire terminal. Mais après il passa par un autre collège de l'est réputé pour ces formations menant vers le Cegep. Il était un bucheur né faisant des semaines d'études de soixante à soixante-dix heures comprenant les devoirs et formation du soir pour se spécialiser en Pétrochimie ce qui me réjouissait.

Par contre je souffrais de son absence dans mon quotidien, me disant nous serons plus près l'un envers l'autre après ses études. La période de Cegep fut un peu plus heureuse étant donné que j'habitais prés du cegep en question. Parfois il venait sur l'heure du diner et repartait aux études par la suite. J'étais ravi de sa présence même si souvent il travaillait sur mon ordinateur pour transférer des données vers celui du collège, j'apprenais lentement à apprivoiser mon fils qui avec les mensonges de sa mère restait toujours sur ses gardes lors de nos discussions pour ne pas dialoguer sur des sujets concernant sa mère qu'il prenait comme pourvoyeuse et non comme confidente nous parlions de voitures, des arts martiaux, de lui et de moi. Jamais elle ne se préoccupa de ses relations amicales ni amoureuses et si je lui demandais à elle qui était les relations de Nicolas ou ses notes scolaire elle ne me donnait aucune information ni même les journées d'informations aux parents provenant de l école.

Nos discussions étaient toujours basées sur ses besoins à elle « la pauvre ! » qui demandait que son gazon ou autres travaux de maison soient fait par Nicolas son esclave. Quand Nicolas venait chez moi, je l'observais lors de ces visites, mais jamais il ne me perçut comme le méchant envers lui.

Il savait qu'en cas de problèmes il pouvait compter sur moi en tout temps, alors juste ce court moment me redonnait espoir de le voir un jour me dire papa je vais venir habiter avec toi pour une période indéterminée. Devenu adolescent, il était renfermé se camouflant derrière plusieurs activités comme le canot camping et le ballon volant et le ballon panier. Notre relation était secondaire même si de mon coté il était l'enfant que j'avais éduqué durant les cinq premières années de sa vie et que nos jeux en faisant des tâches ménagères étaient une période pour la découverte et l'ouverture du monde. Je suivais sa carrière en silence et éblouissement, mon ex-femme n'avait vraiment aucun besoin de s'impliquer auprès de Nicolas. Coté de mon ex-femme c'était le flop total et sa grande jalousie envers les miennes plus longues et stables la rendait aigrie.

A ce moment là personne ne savait à quoi il serait confronté dans le futur autant avec ses copains que ses professeurs. Tout comme moi Nicolas avait un léger surplus de poids et fut la cible de moqueries ou de méchancetés parce qu'il était surdoué. Les autres adolescents étaient de leur coté en plus grand nombre que lui donc il vivait souvent dans l'inquiétude et la peur mais cela ne l'a pas empêché de réussir ses études. A son arrivée sur le marché du travail ses copains ne gagnant que des salaires de bases et lui un peu plus du double de la moyenne, il se sentait obligé de payer les factures du restaurant ou autre pour être parmi eux. Je savais bien ce qu'il pouvait vivre en silence au fond de lui, je suis passé par la même rengaine d'histoires.

Sans en discuter à personne, refoulant en lui ce complexe, il se donna à fond dans les organismes comme les scouts et autres types d'activités où il préparait lui même les sorties et autres récoltes d'argent pour les jeunes afin de développer son propre entourage. Avec les filles il était la bonne oreille ou la poire à être parfois le second dans le quotidien des filles qui sortaient en cachette dans son dos tout en profitant de son argent à lui si durement gagné. Il fut trompé ainsi une à deux fois par des étudiantes, à qui, il servait de chauffeur ou simplement pour s'offrir une sortie en l'absence de leurs petits amis réguliers. En moi, je savais ce qu'il ressentait exactement comme dans mon temps passé. Mais voilà, comme il avait été manipulé par sa mère toute sa jeunesse et la voyant agir elle-même ainsi il ne savait plus à qui faire confiance, et à qui en discuter.

C'est par hasard que moi, je connus une autre divergence en rencontrant une femme mature et mariée en plus d'être la mère d'un élève de ma classe en secondaire cinq (de surcroit la voisine de mes parents). C'est lors d'une fête d'une amie de ma sœur que le premier contact s'est fait alors que nous jouions à des jeux anodins. J'avais les yeux bandés par un bandeau, je devais deviner qui était la personne que je touchais. Elle entra où nous étions et se prêta au jeu après avoir déposé des jus de fruits sur une table, je la touchais à son passage

et tout en palpant ses formes, je me rendis bien compte que c'était une adulte mais je croyais que c'était une des sœurs de la copine fêtée. Mais non, c'était la mère de quarante et un an, qui, sous le rire des autres se laissa aller à nos jeux. A un moment donné, je palpais sa poitrine et découvris le pot au rose. Par la suite, elle me demanda régulièrement de faire des courses pour elle ou de descendre ces ordures à la rue, ni comprenant rien car son fils était de mon âge et elle avait trois filles plus âgées que moi, mes parents ne disaient rien car elle était une voisine très gentille et mon père la trouvait jolie femme, elle se faisait bronzer du haut de son balcon à demie nue derrière un cache personne en toile ce qui la rendait de plus en plus attirante pour des hommes mûrs, son mari étant toujours parti en voyage pour son travail.
Comment aurais-je pu dire à mon père que j'avais une relation soutenue avec elle, les week-ends alors que sa famille partait au chalet et que nous étions seuls tous les deux. Mais mon fils n'eut pas ce genre de relation avec les femmes et avait une piètre opinion d'elles.

Ce qui, par la suite, me poussa vers des femmes mûres jusqu'à mon mariage avec une femme qui sortait à peine d'un premier divorce. Elle avait été battue et malmenée par son mari violent. Celle-là même qui est devenue la mère de mon fils Nicolas avant que je devienne malade de la Sclérose en Plaque. Durant nos premières années de vie commune nous n'avions jamais de temps à nous travaillant, elle comme comptable dans un collège privé d'Outremont et moi en Marketing et projets spéciaux pour diverses entreprises et Municipalités. Rien ne présageait une famille avec un enfant car elle devenait de plus en plus trouble de son premier divorce et je ne pouvais plus la tolérer si ce n'est comme colocataire et mère de mon fils en devenir. Nicolas naquit en Mai 1986 à ville Legardeur, nous venions tout juste de faire bâtir un squelette de maison que j'ai terminé moi-même en prenant deux ans sabbatique pour en faire un nid douillet. Je dressais des chiens avec un copain à cette période, ce qui me laissait du temps de libre comme hobby, ce que j'ai fait 10 ans auparavant comme loisir, le soir, aimant l'adrénaline de ce loisir j'en fis une seconde manie pour le faire chaque soir de semaine et tôt le week-end. Mais j'avais la maison à terminer et je ralentis mes loisirs pour finir la construction intérieure de la maison et son paysagement. J'apprenais sur le tas à composer avec la construction et certains spécialistes qui venaient faire des travaux plus importants. A cette époque, je ressentais à peine la fatigue et les symptômes de la SEP jusqu'au jour où je suis resté paralysé et dus me rendre à l'hôpital pour des examens complets.

Il fallu donc un an avant de découvrir la maladie en elle même en y allant par l'étude et la minutie de diverses maladies semblables. Mes neurologues ne pouvant pas me faire passer une résonnance magnétique cela prit onze mois et demi pour en arriver à la conclusion de para parésie d'éthologie inconnue à ce moment ne pouvant être certain de ma SEP. Entretemps mon fils naquit et je ne pouvais être certain s'il était porteur de la maladie d'où ma décision de ne plus avoir d'enfant par la suite.

Durant des années je fus éloigné de Nicolas sans aucun accès à sa vie quotidienne, ce qui souvent m'angoissait, angoisse amplifiant ma maladie qui est basée sur les émotions. De ce fait, je faisais des minis crises de un à trois jours paralysé sans pouvoir y changer quoique ce soit. Je ne me plaignais pas d'avoir à endurer en permanence des engourdissements dans les jambes surtout, ne voulant pas retenir l'attention vers moi de peur de perdre les visites de mon fils. Je tenais le rôle de l'homme fort en dressant des chiens à la protection et à l'écoute de ses maîtres et vice-versa envers notre animal. Je me devais de penser à autre chose et trouver des idées pour être autonome seul, pour entretenir mon propre logis même si longtemps il me fallut quelqu'un pour me surveiller dans mon insécurité d'où la vie de colocataire. Mais pour me sentir à l'aise et utile la personne qui devint ma colocataire fut Ginette, celle qui m'avait soutenu durant mon ergothérapie. Pour différentes raisons, elle avait basculé au cours de sa vie dans des problèmes de consommation d'alcool et de drogues. Je l'encourageais comme elle l'avait fait avec moi, je lui disais que sa vie était gâchée en essayant d'oublier ses soucis en buvant et en se droguant et ces fléaux la rendaient suicidaire. Donc tous les jours, l'un soutenait l'autre sans crier sur tous les toits nos problèmes respectifs. Nous étions si discrets sur notre vie respective que parfois les gens s'imaginaient que nous étions un couple d'un grand respect.

La Sclérose en plaque est une maladie dégénérative des muscles et des globules qui s'en prennent à nos anticorps en laissant croire à notre cerveau qu'un virus nous attaques alors les globules se détruisent entre eux et nous rendent vulnérable physiquement et émotivement face au quotidien. Ce qui rend la maladie peu connu c'est qu'il n'ya pas deux personnes qui évoluent identiquement mais chaque patient se rejoint à un moment donné : en un

point de paralysie presque identique et le lot d'autres maladies qui viennent détruire notre qualité de vie. Ma vie était devenue un éternel combat, j'y avais réduit mes choix de vie avec la maladie et ses répercussions.
Pendant mon temps passé à l hôpital j'ai vécu l'enfer de l'inconnu envers des batteries de tests en tout genre. J'étais presqu'en permanence sous antidouleurs de toutes sortes et mon caractère en prenait un coup.
J'étais devenu un cobaye pour les Neurologues et une pelote à aiguilles tellement mes bras et mes jambes avaient de marque d injections et de prise de sang.

C'est à cette période que mon ex-épouse demanda le divorce sachant que je ne pourrais plus travailler à ma sortie de l'hôpital selon les médecins spécialistes avec les bras et les jambes paralysés j'aurais une longue adaptation à faire choses dont je n'étais pas au courant jusqu'au jour où un monsieur passa prendre des mesures pour un fauteuil roulant adapté à ma corpulence, du sûr mesure.

C'est à ce moment là que je réalisais que c'était plus grave que ce que les médecins me disaient. Et le jour « J » arriva. Le fauteuil roulant étant terminé mon neurologue entra en me disant : « Monsieur, voici votre nouveau compagnon de vie ».
Je piquai une colère si forte que mon adrénaline me fit prendre le fauteuil du bras droit pour le soulever par dessus le lit et le lancer vers la porte d'entrée de la chambre. Il s'écoula trois mois avant qu'un infirmier ne passe ma porte en recevant tout ce que je pouvais lui lancer en criant dehors. Mais il fallait bien s'y résoudre le résultat était concluant et je devais quitter l'hôpital. Entretemps, je perdis mon emploi et tout ce qui venait

avec l'auto etc. Plus de compte, de dépense ni maison, je devais retourner dans un logement car la maison n'était pas payé et mon ex-femme s'était chargée de vivre au dessus du duplex de ses parents en ayant vendu la maison à son frère. A mon arrivée nous redéménageâmes dans une maison louée avec option d'achat à très bas prix. Mais l'ergothérapeute que j'avais ne faisait pas ce que je voulais, je ne faisais que de la natation et cela 2 fois par mois, je me débrouillais plus de mon coté et je fis une dépression qui me mena à l'hôpital psychiatrique pour 4 mois. Durand ce temps mon ex-femme changeait les serrures et continuait les procédures de divorce sans ma présence. A ma sortie de l hôpital mes sacs de linge dans des sacs à ordures m'attendaient sur la galerie de la maison avec un avis de police m'interdisant tout séjour à ma demeure. Le reste vous en connaissez déjà la suite au début du livre dans un survol de ma vie très mouvementée.

Ma seconde vie commence à ce moment-ci de mon histoire rocambolesque qui me mena à mon petit coin de pays plus tranquille qu'est Saint-Tite. Partageant une maison louée, je retrouvais la sérénité perdue en travaillant dans mon jardin et mes fleurs de toutes sortes.

Vous ai-je dis que je suis excessif dans tout ce que je fais étant Taureau ascendant Taureau de naissance. Je n'avais plus les finances du luxe passé mais les idées étaient toujours en moi donc avec douze fois moins de salaire que par mon passé !

Je recevais l'indemnité de personne invalide à l'emploi chaque mois. Mais agile de mes mains, créatif, je fis de la récupération d'ordures pour trouver des matériaux et de vieux meubles à restaurer ce qui, selon ma santé me permettait de réaménager mon logis avec du cachet et une âme de poète. Je fis la découverte de l'ordinateur et de toutes les technologies nouvelles, moi qui dans le temps dessinais tout à la main et créais des projets seul, dorénavant tout se faisait pour cet emploi en équipe et par ordinateur. Le poste que j'occupais me payait ce qui maintenant défrayent les salaires de 8 employés à temps plein alors que j'avais deux mois de vacances et des biens matériels en échange de plusieurs services pour être moins imposable.

S'en était terminé les vaches grasses et les restaurants tous les jours mais surtout la porche qui en faisait rêver plus d'un. Comme véhicule j'avais un camion de type pick-up qui me servait pour mon autonomie personnelle et le recyclage de mes fournitures que je trouvais dans Montréal. C'est la période ou j'appris la valeur réelle de l'argent et surtout que celle-ci n'achète pas l'amour.

Il me fallu plusieurs années avant de faire la différence entre les maux causés par la Sclérose et ceux issus d'autres maladies, car plusieurs effets secondaires sont comparable à ceux de la SEP. Je suis passé des hernies ombilicales aux lombaires, de l'hyper-tension aux ACV (arrêt cardio vasculaires), des arthrites aux tendinites en passant par des bris de côtes ou des foulures de genoux ! La gamme complète de symptômes y sont passés durant des années. Je dois m'adapter tous les matins et m'attendre à être paralysé d'une rechute.
A cette idée, je me prépare même si cela m'enrage souvent, il me faut accepter mes limites et ma fatigue au combat de tout instant, alors je dois prévoir ce que je ferais une fois rétabli, seule raison qui me permet de faire

des projets utiles pour mon quotidien. Raison pour laquelle, je suis des formations et des séminaires de divers sujets, j'accumule les diplômes de toutes sortes. L'angoisse du lendemain je la subis tous les jours comme si je perdais de nouveau l'usage de mes membres. Membres que nous voyons comme un acquit alors qu'il faudrait les apprécier au quotidien. Par contre les moments passés lors de la paralysie de ces derniers sont plus intenses au fur et à mesure que les jours passent les uns étant différents des autres.

    Mon fils me redonnait espoir en pensée. Il a vieillit comme tant d'autres et n'est plus aussi disponible que je l'aurais aimé. De plus sa cohabitation avec un copain a changé nos visions l'un de l'autre. Autant il était fier d'un père audacieux et téméraire, que maintenant, qu'il est un homme, il a peur de me découvrir plus amplement. Il se souvient d'un homme vaillant, mais ne voit pas celui que je suis devenu avec les années. Je suis rendu à 56 ans bien sonné et les maladies me grugent lentement de l'intérieur.

Autant j'étais un homme fier et dur en affaires que je suis devenu moins rude et dur qu'autrefois, la maladie fait ressortir de moi la vulnérabilité et les sentiments profond car je pleure régulièrement à cause de mon état et en pensant à lui et son copain, loin de moi, appréciant la vie. Heureusement je lui ai ouvert des portes en affaires comme le référé à des anciennes relations du milieu des affaires (avocats et autres). J'ai voulu lui éviter des embûches que j'avais connues dans ma propre jeunesse. Embûches que lui aurait pu surmonter avec joie. J'étais de nouveau seul sans personne dans ma vie depuis des années et je partageais mes joies et mes peines avec les chiens de plus en plus présents dans mon quotidien. Je les dressais pour des relations amicales et d'autres bons voisins.

De ma demeure, des kilomètres nous séparaient l'un de l'autre, le temps n'arrangeait pas les visions de Nicolas qui me voyait comme un intrus dans sa vie de tous les jours. Il me parlait quand je lui disais : « j'ai des choses à te donner ».

Mais il n'avait pas le temps pour me rendre visite ! Je devais lui apporter ou attendre un mois pour qu'il vienne les prendre (outils, matériels à jardins et autres appareils électro, etc.) Par manque de temps. Eh oui ! Là était mon problème je n'osais pas lui dire « un jour je vais mourir sans avoir vraiment connu ta personnalité. Si je lui parlais de ma maladie, il préférait croire que j'avais devant moi toute une vie, et il me disait, face à mes inquiétudes, « oui j'ai passé les tests de la SEP et je ne l'ai pas. »

Moi, la maladie est survenue quand j'étais en pleine apogée de ma vie sans prévenir ni même croire à une pension de misère humaine et de souffrance physique. Nicolas et moi étions comme devenus des inconnus l'un envers l'autre. Il connaissait mieux son copain que son père qui dans sa période d'adolescent n'était pas là pour lui à tout moment comme il l'aurait peut être souhaité. Mais dans les coups durs il se rappela de moi à quelques reprises dû à mes relations diverses, mais sans plus.

C'est pourquoi je me sens inutile dus à son éloignement, c'est un morceau de moi qui n'est plus là. Chaque fois que j'ai l'impression de me rapprocher en lui confiant mes faits et pensées je l'éloigne de plus en plus de moi. J'ai perdu auprès de lui une partie de mes capacités physiques qui n'arrivent pas à être surmontées, je ne cesse de m inquiéter pour lui tous les jours qui passent et je meurs un peu en n'ayant pas de ses nouvelles, même un jour mon médecin m'a prescrit un nouveau médicament aux effets inconnus sur moi-même. Médicament qui me mena à un trou noir et je fis la gaffe de ma vie en me présentant à son domicile sachant qu'il rentrerait bientôt, mais cela ne fit qu'empirer la situation auprès de lui et de ses craintes à mon égard. Il ne répondait pas sur son cellulaire et je lui ai laissé près de soixante messages sans arrêts pour qu'il me contacte, tant je me sentais mal. Il a pris peur et contacta la police pour me demander de retourner chez moi. Chose que je fis. Mais à mon arrivée deux agents de police m'attendaient. Je fus mis en état d'arrêt et emmené au poste pour menaces et intimidations sans aucune autre explication. Evidemment au poste de police je fus mis en prison pour le week-end pour menace de mort et intimidation car j'ai toujours eu un couteau de chasse dans mon véhicule qu'ils avaient déjà fouillé sans mandat d'arrêt. J'étais abasourdi par tout ce qui se passait autour de moi et surtout d'entendre dire par l'enquêteur que mon fils avait porté plainte contre moi, son propre père, qui l'ai toujours aidé et protéger de tout.

Je fus trimbalé de St Jean de Richelieu jusqu'à Marieville à la sureté du Québec pour interrogatoire sans assistance d'un avocat et je fus ensuite transféré à la prison de Sorel jusqu'au Lundi (quatre jours de cellule mis parmi les autres. Une forme de tolérance si je désirais mon respirateur pour dormir la nuit ! Sinon je dormirais en cachot à la noirceur totale avec droit de sortie une heure par jour le soir entre quatre murs et vingt trois heures de cellules fermées.

De là, j'appris ce qu'était la vie du prisonnier avant d'être accusé devant le juge. J'étais encore sous l'effet des médicaments prescrits que j'avais pris le matin où je me suis rendu chez mon fils, personne ne voulait écouter mon histoire et les policiers me disaient d'attendre de voir le juge pour lui parler.

Cette période me parut un siècle car sur vingt prisonniers j'étais le seul n'ayant jamais fait de tôle, par contre je fus mieux traité par eux que par les gardiens qui jouaient les durs et les maîtres de la place sans aucuns sentiments ou compréhension de mon cas. Les autres prisonniers voyaient bien que j'étais drogué, comme semi absent, les yeux agars, mal en point prenant appui sur ma canne pour marcher. Le plus anciens qui était en fait le boss de la guérite (aile) ordonna aux autres de me laisser tranquille et ordonna à son sous-fifre de m'apporter mes plats de repas à la table et ce dont j'aurai besoin durant mon séjour.

Il m'expliqua les règles à suivre en tôle :
1°) Ne jamais regarder ce qui se passe dans la cellule du ou des voisins
2°) Ne jamais fixer un autre prisonnier dans les yeux s'il était en charge de l'aile
3°) Ne jamais discuter de ce qui se passe dans l'aile ou dans la prison
4°) Se laver tous les jours et faire sa lessive tous les jours sans oublis
5°) Ne jamais rien faire sans demander la permission du maître de l'aile

6°) Ne jamais faire des choses sans permission du maitre pour contacter un gardien pour mes médicaments et surtout lui en fournir une partie en particulier celle qui contient de la morphine ou un anti douleur, je n'avais que cela donc il prenait le tout, je devais donc les prendre devant le gardien sans les avaler pour les refiler au maitre de l'aile lui-même et en échange il me donnait une cigarette, maigre contrepartie car les douleurs liées à ma maladie elles, revenaient de manières de plus en plus soutenues.

    Je me souviens d'une journée ou un gardien apporta les plats du repas, j'ai pris le mien moi-même, le maître de l'aile ayant vu ce qui se passait a jeté mon plateau au sol et ordonna à son sous-fifre de me remettre le sien car c'était son travail de me servir. J'en fut complètement renversé de voir ce dernier observer les recommandations du maître de l'aile, je fus profondément touché lorsque je le vis le soir même obliger de servir un autre détenu et de devoir s'abaisser au pire des traitement intime pour sa pénitence. Je n'en revenais pas et étais écœuré de voir une telle chose possible .C'est là que je compris que je devais le laisser me servir pour ne pas lui causer d'autres sévices corporels, par ma façon d'agir. Toute la journée et la soirée la télé commune jouait à grand volume sans que personne n'ose changer le canal musique ou baisser le volume. La soumission était la règle !

    Ce fut ainsi durant cinq jours jusqu'au Lundi midi où nous étions emmenés moi et six autres détenus au palais de Justice de St-Hyacinthe car le matin le tribunal ne passait que des causes déjà entendus et des libérations sous surveillance.

Ils nous emmenèrent par camion. Pas très bien installé, j'avais à chaque secousse des douleurs qui sciaient ma jambe déjà handicapée par la maladie, j'en arrivais à penser qu'il faisait exprès de prendre tous les trous de la route d'autant plus que cela nous faisait sursauter, nous cognant la tête au plafond évidemment, certains détenus gueulaient des injures à profusion, provoquant les policiers qui auraient des surplus à écrire dans les rapports du jour.

Je vis mon avocat quatre minutes avant de passer devant le juge. Celui-ci me dit : « si tu veux sortir accepte une caution entre cent et cinq cents dollars sinon tu retournes en prison »

Je lui répondis que je n'avais pas cet argent sur moi, « laisses-moi faire dit-il » et je retournai en cellule jusqu'à ce que le juge me fasse demander.

L'entente entre le juge et l'avocat fut que je répudiais mon fils jusqu'à la fin de mes jours sans prise de contact, ni par le biais d'une tierce personne parlant en mon nom, le tout fut enregistré sans mon avis ni droit de parole. Je fus relâché vingt minutes plus tard mais mes affaires personnelles étaient à Sorel et je devais les reprendre le lendemain. Sans aucune ressource, je fus libéré à St-Hyacinthe. J'ai trouvé un chauffeur de taxi qui accepta de me prendre pour me rendre chez moi à ST-Jean sur Richelieu en passant par ma banque. La course me couta 124,50 dollars et dès le lendemain je devais me rendre à Sorel soit 100km plus loin pour reprendre mes effets personnels. Ils me furent remis qu'à 13 heures, j'étais stressé car je devais aussi aller voir mon médecin à Rivière des Prairies et en plus repasser au poste de St-Jean sur richelieu pour remettre mon couteau de chasse à un policier du poste avant 18h00, une chance mon médecin compris ma situation et me dit : « passes tout de suite, je vais t'attendre avant de fermer ».

Cette journée me couta en traversier et en essence et autres frais 240,00 dollars au minimum si je ne remettais pas un papier de mon médecin et le couteau avant 18h00 je retournais en prison le soir même. J'étais bouleversé, encore sous l'effet des médicaments qui me tenaient éveillés depuis trois semaines avant cette histoire, malgré tous ceux que je n'avais pu prendre devant m'acquitter d'une dime devant le maître de la cellule. J'étais opéré pour des cataractes depuis peu et c'est mon fils qui m'avait amené à Trois Rivière pour l'opération car je ne devais pas conduire. La veille de mon arrestation Nicolas était passé sur son temps de diner pour me rendre une visite de courtoisie ce qui me semble absurde désormais absurde en ce qui concerne le lendemain. Aucune dispute ou autres différents n'étaient survenu entre nous. Il m'a fait part de son souhait sur un transfert d'entreprise qu'il désirait effectuer pour changer d'emploi, je lui ai juste conseillé de ne pas le faire effectuant une rapide évaluation sur ce qu'il perdrait en acquis et avantages.

Chapitre 3

Les pénitenciers débordent.

Il y a quelques années que les pénitenciers débordent et que les contrevenants pour des lois relatives à la conduite automobile ne font plus de temps en prison. Ils se présentent à l'entrée de la prison pour signer un fascicule attestant leur présence et retournent chez eux ne revenant que le Dimanche soir pour signer leurs bons de sortie en toute tranquillité et cela pour la durée de leurs peines. Les cellules sont au double et triple de leurs capacités de détenus ce qui occasionne plusieurs transports vers d'autres pénitenciers temporaires comme pour les procès en cour criminelle qui se font dans des régions autres que celle où les méfaits se produisent. Alors que la société ferme les yeux sur ce qui se passe vraiment dans nos prisons, la loi de l'Omerta, le silence, prend le dessus sur ce qui est vraiment la vie pénitencière.

Certains gardiens suivent des directives de détenus sous la menace et la peur de voir leurs familles touchées par des bandes criminalisées et ceux qui désirent des biens doivent les acheter directement à l'intérieur du pénitencier !
Pas question d'apporter sa propre télé ou radio tu dois l'acheter à des prisonniers à l'intérieurs et cela pour tous tes besoins normaux. Ceux qui travaillent reçoivent parfois $3,00 par jour pour leur travail et d'autre rien du tout attendant certainement leur tour, pour obtenir les places convoitées. Il existe pourtant des criminels de

bandes qui reçoivent $50.00 de la bande au dehors pour assumer leurs besoins ce qui est une règle en vigueur dans les clans selon chacun des grades.

    Chaque criminel puissant continue d'opérer dans son clan à partir de l'intérieur du pénitencier, il a ses favoris qui le protège et font selon ses commandements, il a son coin cellule particulier, dans ce coin n'entre que ses invités ou ceux qui sont jugés par le clan. C'est faux de dire qu'ils sont maltraités s'ils font partie du groupe, mais il existe divers groupes qui ne se mêlent pas aux autres. Chacun dans leurs coins respectifs et selon des horaires de sortie fixes pour éviter les bagarres entre détenus. Pour les repas chaque semaine il y a un groupe précis à la cafeteria qui fait la « bouffe » des autres détenus sans y mettre un peu d'arrogance personnelle (crachas, urine et autres) manière de se venger des divers groupes adverses, personnes ne peux rester insensible aux clans ou recevoir une certaine protection sur des besoins précis sans échange (que ce soit pour faire du ménage ou servir de femme aux besoins et profits des boss de la Wing quartier désigné).

    Oui, il existe des lois non écrites dans les murs des pénitenciers et elles doivent rester secrètes le plus possible pour ne pas révolter la société et la ligue des droits des détenus. Certains criminels suivent des cours à l'Université sous anonymat et parmi d'autres étudiants car ils sont menés tous les jours en camion du pénitencier au collège ou Université sous réserve stricte d'une bonne conduite. Certains suivent un cursus en étude du droit criminel, ainsi après obtention de leur diplôme ils

peuvent conseiller par la suite d'autres criminels sur leurs droits, la charte des droits de la personne et sont reçus au barreau du Québec. Tout comme ils peuvent suivre des cours en menuiseries, mécanique auto ou encore de cuisine et autres divers cours possibles.
Certain pour bonne conduite reçoivent leurs femmes à l'unité des roulottes de week-end toutes les deux semaines. Les gardiens sont sujets à études dans leurs façons de vivre par des criminels ou leurs familles pour connaitre les lieux de résidences de ces derniers au cas de non respect des lois des criminels. Ils ont le choix de rentrer dans le rang ou non, choix qui peut ou ne peut pas protéger leurs familles contre les bandes rivales dans la prison. Souvent ils sont invités à fermer les yeux ou aller ailleurs le temps d'un règlement de compte. Ainsi ils ne peuvent pas être les témoins de certaines choses. Ce qui se passe en dedans doit resté en dedans, c'est la loi du plus fort qui régit pour conserver à l'intérieur une paix relative entre détenus. Tous les pédophiles ou batteurs de femmes sont tenus à l'écart dans un autre pénitencier pour leur propre sécurité. Exactement comme le sont d'ex-policiers devenus détenus, ces derniers sont tenus loin des autres détenus.

Le beau frère

Il est très loin le style de vie imaginé par la population sur les détenus et la vie réelle en prison. Mon expérience aussi brève que longue dans le temps passé derrière les barreaux m'a suffit pour ne plus vouloir y retourner car c'est l'école du crime pour tout nouveau qui y entre. Il lui faut devenir dur et ferme dans sa vie, s'affirmer à tout prix et sans peur de prendre sa place au sein du groupe tout en restant éloigné des autres sinon votre peine sera augmentée rapidement en temps.
Ma dernière visite a durée 5 jours et j'en avais déjà plus qu'assez des histoires et du vécu de chacun dans son évolution criminelle surtout que cette sentence faisait suite à une simple dispute entre père et fils sur le fait d'être gai en prison et les conséquences qui s'y rattachent. Choses que mon fils a mal compris me croyant anti-gai alors que je lui expliquais la vie derrière les barreaux pour un homme gai ou différent des autres. Comment aurai-je pu être ainsi je lui avais référé un bureau d'avocats gais se battant contre les différences raciales et le droit de chacun quel qu'il soit. Il aurait mieux valu le laisser à de fausses croyances ainsi il aurait appris par lui-même. Surtout que ces différences lui avaient été inculquées par mon ex-femme du fait que dans nos premières années ensemble je détestais son frère gai non pas pour son statut, je le répète mais parce qu'il avait été violent contre sa propre sœur et mon fils. J'avais promis de lui régler ses idées sur moi et la non-violence en soi après qu'il ait voulu me provoquer avec un tisonnier pour foyer en fer en me criant : « je vais te tuer » et en fonçant sur moi.

Depuis je ne l'ai jamais revu dans ma vie sauf que malgré le fait qu'il soit pédophile, je sais que mon ex-femme l'a laissé approcher mon fils seul en camping un weekend-end et d'autres fois par la suite, après notre divorce.

Donc malgré toutes les diverses choses offertes et bien que je lui aie prêté deux autos sur une durée de 11 mois dont je payais les assurances et les plaques d'immatriculations, un ensemble de patio avec BBQ et mes outils complets etc.... Nicolas a raconté que je lui faisais peur parce qu'il était gai, que son copain avait lui aussi peur de moi l'ayant mis en garde de ne pas abuser de Nicolas qui est trop naïf. Nicolas ne peut s'imaginer que tout le monde peut lui soutirer de l'argent à son insu en lui laissant croire à de faux témoignages affectifs. C'est un fils au cœur immense et dans le passé il s'est fait arnaquer plus d'une fois par des profiteurs sans scrupules, de là ma raison de vouloir à tout prix rencontrer ce colocataire, mais je sais qu'un jour il comprendra mieux mes raisons à son égard.

Des gens lui ont empruntés des sommes élevées sans jamais les rembourser sous de faux prétextes. Notre long éloignement n'a jamais renforcé les liens qui nous unissent, mais je crois au destin et comprend sa réaction sachant que si un jour un pépin lui tombe dessus il fera ce qu'il a toujours fait : me contacter pour une solution.

Je lui ai confié ce qui m'était le plus précieux, ma chienne Jessie âgée de 9 ans entièrement dressée à la protection et l'obéissance ainsi que divers objets d'amusements. Je serai toujours là pour lui quoiqu'il arrive dans sa vie. Un enfant reste un enfant même devenu adulte quand il s'agit de l'aider pour son quotidien sa confiance doit être totale lors de ses périodes difficiles. Préférant prendre sur mes épaules les conséquences défavorables de notre malentendu afin que sa vie soit un parcours d'embuches moindre que ne l'a été la mienne. Je crois que tout parent digne de ce nom en fait tout autant, à moins de me tromper, nous voulons tous une vie semi-parfaite plutôt qu'une vie de misères.

Fermez les yeux et imaginez-vous 1 à 25 ans dans un milieu comme ceux-ci tous les jours de votre vie à venir sans compter avec les conséquences entre prisonniers. Pour moi face à la maladie je dois rester zen et ne point m'emporter car mes émotions créent sur moi une instabilité qui me rend vulnérable dans mon quotidien. Dans le passé les arts martiaux m'ont donné la force de me sortir de la maladie avec des séquelles qui sont restées rares mais variables. Ayant acquis le sommet des diverses disciplines du Tae-Kwong-do, Bushido, de l'aïkido et finalement de hapkido la méditation étant la base de mon succès sur la maladie. Certains diront que cela ne sert a rien en cas de maladie mais c'est faux cela m'amène à voir la vie d'un autre œil.

Comme je l'ai comparé ma bataille avec la maladie est pour moi une épreuve de tous les jours. Ici est une peine perdue d'avance. Mais pour agrémenter ma vie je prenais divers cours et formations pour me tenir occupé dans mes journées et soirées.

Cela a débuté vers 1994 par des cours en photographie professionnelle et se poursuivit par le rembourrage artisanal, l'ébénisterie. Puis vint une période difficile me ramenant sur terre par une paralysie partielle de 4 mois et demi, période où je réfléchissais sur un projet dangereux comme si je me disais : « il ne te reste plus de temps pour accomplir une chose utile pour la société ». Une histoire au prime abord insensée, me vint à l'esprit, celle-ci concernait les bandes de rues et les motards qui rudoyaient les gens partout dans le monde surtout aux USA et au Canada. Pour concrétiser ce projet il fallait une équipe fantôme, plusieurs contacts mais aussi d'anciens Mercenaires, des hommes issus de l'élite dans divers domaine et un homme de tête avec l'esprit d'une machine de guerre. Toutes les périodes pénibles je ressortais mes cahiers de notes et fouillais dans mes méninges longuement.

L'autofinancement et le déroulement devait être des plus secret pour tous que ce soit la Police ou les bandes de criminels qui avaient échoués de leurs cotés. Puis les bas, une fois surmontés me donnaient des forces pour me ré-entrainer aux arts martiaux selon mon rythme et mes forces, reprendre le cote Zen de ma vie pour laisser mon corps se renforcer à sa propre vitesse. Il y avait mon fils qui m'interrompait par sa présence car si je faisais ce projet il me fallait devenir intouchable et non vulnérable pour subir du chantage de mes ennemis.

    De là, le long éloignement d'avec mon fils pour sa survie et sa propre vie tranquille et ces choix de carrières. Je devais réfléchir aux conséquences futures. Moi je n'avais plus rien à y perdre de cette vie houleuse et sans lendemain stable et sage. Divorcé depuis quelques années et malade la vie ne m'offrait pas de cadeaux, ni d'alternative que de rester chez moi alité dans mon petit monde. La maladie faisait son chemin j'étais devenu avec le temps le type d'autres maladies telles que la haute pression des hernies, l'apnée du sommeil et en plus de cotes brisés et diverses maladresses de rodéo en amateur, La musique par contre me fit rencontrer des stars comme Carlos Santana et d'autres avec le temps en tournée que j'allais voir et applaudir. Dans le milieu des artistes du Québec je croisais des groupes peu connus à l'époque mais qui le sont devenus par la suite.

    Presque 3 ans, je fis des mini-tournées dans le Québec et ces relations se souviennent encore de moi parfois. Ma principale occupation fut le dressage de chien de protection pour des services de sécurités et autres corps de police. Cela me fit 30 ans de dressage en tout et pour tout comme hobby ou comme travail à mon compte auprès du public. Le recyclage de vieux meubles me remit sur pieds, en fabriquant mes propres meubles et en remplissant mes besoins modestes, ils étaient faits de mes mains tout comme certains aménagements paysagers que j'ai réussis parfois sur une période de 2 à 3 ans.

Chapitre 4

Rapport prison maladie

Si je fais la comparaison ici entre la SEP et la prison c'est que les liens sont semblables, autant dans ma tête que dans mon corps où je suis emprisonné par la maladie. Oui par secousses, je peux être paralysé de mes membres comme le détenu derrière ses barreaux infernal voit sa vie paralysée et pourtant je n'y peux rien c'est le destin qui mène et non nous seuls. La seule différence est que la maladie tu ne choisis pas de la contracter et tu dois vivre avec alors que la prison est une conséquence où tu peux éviter de t'y retrouver un jour sauf si comme moi tu payes pour des incidents où tu deviens coupable alors que tu étais appelé en secouriste ou victime d'effets médicamenteux.

La rage, la haine et l'entourage ne sont pas nécessairement le mieux pour l'homme et sa survie. Un faux pas peut te mener à perdre ta liberté sans que tu n'y puisses rien car tu perds tout ce que tu possédais dans le passé et la société ne te voit plus comme tu étais avant. Ta vie bascule et nul moyen s'offre à toi pour redevenir un humain soit disant normal. Les éléments d'images ne sont qu'une infime partie de ce que la personne Sclérosée doit se prémunir un jour ou l'autre dans sa vie. Ce sont les barreaux de la maladie qui troublent le fait d'être normal comme les autres. Ses journées sont régulées par son obligation de se battre au quotidien pour son autonomie.

    Voilà pourquoi je me suis mis mon fils à dos en lui parlant de ma maladie, comparée à un détenu qui se trouve face à d'autres conséquences en plus de ceux incluant des faits particuliers pour ceux qui sont « gais » et sans ressources derrière des barreaux parmi des détenus assoiffés de sexe entres hommes par manque de femmes dans leurs entourages. Rien n'étant aussi vrai que provenant d'un homme qui doit se battre contre les principes, la maladie et les besoins des autres détenus prêt à tout pour assouvir leurs instincts bestial.

    Mes journées étaient de plus en plus ardues coté efforts et l'éloignement de Nicolas me manquait énormément, même que je trouvais plein de mes choses à lui donner juste pour le voir venir, je lui faisais donation de mes outils et ce que je possédais pour de précieuses minutes, si courtes mais si réconfortantes à mes yeux. Rien n'était acquis car il se lassa rapidement de faire presque 3 heures de voitures pour sa simple venu et autant pour son retour.
    Effectuer pareil trajet, après sa journée de travail était devenu un poids insupportable pour lui et je ne m'en étais pas rendu compte avant. Puis un jour, il me dit papa pourquoi ne pas déménager et te rapprocher de moi nous pourrions être plus apte à nous voir plus régulièrement. Après réflexion, j'en conclu que oui je désirais être plus dans son environnement et le voir pour des soupers entre copains, faire connaissance avec ses amis ou amies et ainsi le voir évoluer dans sa carrière en pétrochimie.

Mais il n'en fut pas ainsi, comme je l'avais imaginé, une fois déménagé, il refusa de me donner son adresse et le véritable lieu de résidence qui était à 20 km de chez moi. En plus d'être dans un ancien appartement genre motel converti en logement de 16 locataires, habité en majorité par des filles de rues et de motards qui venaient s'asseoir sur ma galerie avant donnant sur la rue, le joint au bec et la bière à la main, je ne pouvais même pas profiter de mon intimité : ma grande fenêtre donnait sur la galerie et dés que j'allais m'asseoir au salon j'entendais prononcer voilà le curieux qui va contacter la Police pour se plaindre.

    Un soir exaspéré des indiscrets, je sortis sur ma galerie avec une carabine au poing et leurs dit : « vous ne pourriez pas aller cuver votre bière chez vous au lieu de ma galerie », j'avais un peu peur des répercussions de la Police mais ne voulait pas non plus leur donner raison souhaitant les impressionner et me faire entendre. Il y avait un type assis au sol sur la galerie qui me dit : « hey je suis un Ange ». Et moi de le fixer et d'un coup de semence entres ces jambes je lui dis : « ainsi ce sera plus facile pour toi de t'envoler d'ici », choses qu'ils firent certes. Mais durant la nuit ils ont pris vengeance sur mon véhicule stationné derrière en arrachant des moulures et brisant une poignée de porte de ma camionnette et égratignant le reste de mes portes aux moyens de clefs. Ce qui me poussa à déménager à St-Jean sur Richelieu dans la semaine suivante je savais la guerre déclaré car en même temps la Police fit des descentes dans trois entrepôts de marijuana de la région et je ne voulais pas qu'il s'imagine que j'y étais mêlé.

L'alchimie détruite entre Nicolas et moi

La chimie entre Nicolas et moi s'estompa au moment où je découvris que de son coté il pensait que j'allais le mettre en bouillit quand je découvrirais qu'il était gai et partageait sa maison avec un copain au lieu d une copine. Certes, je haussai la voix. Mais mon haussement de ton, portait sur le fait que dans le passé certains avaient profité de son grand cœur et d'une certaine naïveté de sa part, d'où le fait que je veuille absolument rencontrer son copain. Chose que je réussis à faire en découvrant sa nouvelle adresse et le lieu de sa résidence exacte. Une journée qu'il était venu me voir je lui demandais de m'emmener sur le lieu de travail de son copain. Nous étions dans mon véhicule, j'avais toujours un couteau de chasse et un bâton de base-ball dans ma camionnette pour ramasser des arbustes ou couper des choses, le bâton me servant à jouer avec ma chienne que je venais de lui donner, ma voix certes forte et la vue des ces objets portèrent un sentiment de crainte de la part de Nicolas d'autant plus que nous étions dans le véhicule exigüe. Même que le dit couteau était pour lui car il fait du canot camping. Mais comme il me fit faire des kilomètres pour rien j'étais en colère contre lui et le ramena à son automobile. Le temps passa où il y eut un froid entre nous jusqu'au jour de sa visite pour dîner.

La journée se passa super bien et il retourna au travail. Le soir je reçus de nouveaux médicaments prescrit par mon médecin qui ont semé chez moi un trou noir, le lendemain je me retrouvais devant la porte de sa résidence et attendis le retour de son travail. Seulement son copain prit de panique dans la maison le contacta sur son cellulaire pour lui dire que j'étais là depuis longtemps et qu'il n'osait pas sortir de la maison. Ma chienne toute joyeuse sautait dans l'entrée à l'intérieur de la maison. Nicolas ne sachant quoi faire me contacta et me demanda de retourner chez moi, ce que je fis et là à l'entrée du bloc appartement m'attendaient deux agents de Police pour me mettre en état d'arrestation sans aucune explication ni lecture de mes droits civils.

Je suis mené au poste de Police de St-Jean et transféré à la Sureté du Québec sans plus d'explication ou un enquêteur me dit que j étais arrêter pour menace de mort et voie de fait plus séquestration dans mon camion chose qu'il ne comprit pas cela faisait déjà deux mois que j'avais amené Nicolas en camionnette sans aucune menace ni de brutalité et que les nombreux appels à Nicolas concernait le fait qu'il ne prenait jamais ses messages sur son cellulaire en tout temps. Je fus re-transféré aux petites heures du matin à Sorel au pénitencier jusqu'au Lundi, ce qui donnait cinq jours de détention en tout comptant le weekend-end sans aucune autre explication, j'étais devenu dangereux en moins de temps qu'il me fallut pour me remettre des effets des médicaments pour ma sclérose et mon apnée du Sommeil et ma haute pression. Le fameux médicament était incompatible avec ceux que je prenais depuis longtemps pour mes maladies connues. C'était pour moi un mauvais rêve dont je ne comprenais rien vu que la veille mon fils était passé me voir en toute amitié sans aucune rancune entre-nous. Personnes ne s'étonna de voir que j'étais dans un état anormal, perdu et irréel, j'étais à mille lieux de chez moi, emprisonné avec de véritables détenus, les menottes aux mains et aux pieds reliés ensemble.

 Un vrai roman policier de film de télé, sur et de tout ce que je pouvais dire les gardiens me disaient « mais oui ont connait ces histoires de non coupable. Fermes ta gueule et attends devant le juge à St-Hyacinthe Lundi après midi. »
Les détenus furent avec moi, respectueux avec ma canne et le boss de la Wing ordonna aux autres de ne pas me toucher car j'avais dans le passé dressé des chiens pour lui à la protection sans savoir qu'il était motards criminalisé. Mais je pouvais observer ce qui se passa autour de moi, la télé fonctionnait du matin au soir sur un poste de chansons de rappeur à tue-tête, sans arrêt. Personne n'avait le droit de changer le programme de télévision sans accord du Boss, il me demandait régulièrement de lui donner mes médicaments sans avaler devant les gardiens et je les lui remettais immédiatement après le départ de ceux-ci, je devais les conserver sous ma langue, ce n'était pas le moment d'envenimer mon cas et démarrer une bataille avec quinze détenus sur place dans la même Wing comme ils disaient.

 Le Lundi arriva et j'avais demandé un avocat de l'aide juridique que j'ai vu à peine cinq minutes avant le procès. Il me dit « tu veux sortir, alors laisses moi faire sans plus ». Il s'entendit avec le procureur pour que je sorte sous promesse de ne pas contacter mon fils et son copain et je devais me rapporter une fois la semaine au poste de Police près de chez moi jusqu'au véritable procès. Je fus relâché sans argent ni billet d'autobus pour rentrer chez moi avec seulement $10.00 en poche.

J'habitais à des kilomètres de là, sans mes choses restées à Sorel, je devrais retourner les chercher le lendemain sans faute, il m'en couta $124.00 de taxi pour retourner chez moi et passer à la banque prendre de l'argent pour payer le chauffeur.

Le temps s'écoulait et je n'avais encore vu personne de l'aide juridique avant ma mise face aux accusations, cela me rendait furieux de ne pas être écouté et de garder le silence en plus. J'étais là dehors sans savoir quel serait mon avenir et les conséquences. Je devais dès le Mardi repasser au pénitencier de Sorel prendre mes affaires comme ma machine à respirer et mes médicaments, mes cigarettes qui valent de l'or en prison car une seule coute $3.00 et dire que ce sont des cigarettes provenant des saisies des indiens. Cigarettes non validées pour être vendues au Québec c'est écrit sur les paquets.

La procureur avait exigé une visite chez mon médecin pour le Mercredi et tout ce voyagement me rendait stressé ce qui n'arrangeait pas ma santé physique et morale. Ma tension était haute, elle ne put descendre lorsque je reçus une lettre enregistrée me disant que j'étais incarcéré et que ma pension était coupée. Chose que j'ai rectifié auprès des gens concernés dans les jours suivant ma sortie. Tout cela me couta au bas mot $344.00 de plus sur mes fonds en banque, mon loyer n'étant pas encore payé, il me fallu ajouter $365,00, j'étais presque sur la paille une chance qu'une amie d'Europe me soutenait moralement sinon je voulais mourir j'étais renier par mon fils que j'avais aidé en lui donnant tout ce que j'avais en biens monnayables et moral.

Le plus dur à supporter était le fait que je ne pouvais pas lui parler pour s'expliquer, ni me rendre dans la ville de

Marie ville où il habitait sous peine de prison. En quelque part je considère comme une chance d'avoir eu seulement un collier à la cheville pour surveiller mes allées et venus à partir de mon domicile. Je n'avais pas le droit de m'éloigner de celui-ci, surtout pas en direction de la ville de résidence de mon fils. J'ai eu droit à ce traitement lorsque simplement je me suis fait coller par une auto de patrouille sur la petite route secondaire de Marie ville menant à St-Césaire route qui n'entre pas à Marie ville du tout. Ce coin m'était interdit. J'étais pris et confiné à mon appartement et 1 km autour seulement, sous peine de prison encore une fois sans préavis supplémentaire.

    La rage me grugeais et j'étais comme un Lion en cage sans ressource et information autre que celle de mon avocat qui me disait ne faîte pas ceci ou cela sans plus. Cette période était pire que la prison en soit car ma liberté était brimée, j'étais tellement subjugué des évènements que je dus rentrée à l'hôpital pour un début d'ACV. Là, je suis resté enfermé une semaine et demie. Puis vint l'hiver et pour compléter mon aventure je déménageais à St-Tite 4 heures de route plus loin de chez mon fils. Je comptais reprendre ma vie en main peu à peu, mais après à peine un mois j'eus un accident de voiture où je me suis brisé des côtes et des multiples contusions je perdis ma camionnette. Je devais me représenter en cours mais comment faire dans une ville si loin et sans connaitre personne encore du village de Saint- Tite ?

    Le train descend vers Montréal et je dois changer par la suite pour St-Hyacinthe mais ils ne sont pas le même jour et cela m'aurait couté encore $250.00 donc je me fis remplacer par mon avocat, le procès fut remis à septembre ainsi je devais faire encore mes visites au poste de police régulièrement en marchant 4 km à chaque fois à pieds avec mes cannes moi qui doit reprendre mes forces tous les 20 mètres. J'étais loin de mon but et toutes les semaines je ne tenais à expliquer à personne mon aventure pour ne pas être chassé ou juger pour une chose comme celle là. J'étais nouveau dans un petit village de moins de 2000 habitants où tous se connaissent et voilà qu'arrive un méchant loup dans la bergerie.

    La vie y était simple et pas compliqué du tout pourquoi me mettre au pilotis dès mon arrivée. J'étais un paria parmi des gens aimables et courtois envers moi, je n'étais plus le dangereux mais il me fallait retourner à St-Hyacinthe pour faire changer l'objection de me présenter au poste de Police chaque semaine je ne pouvais faire de mal à personne à la distance où j'étais déjà, je ne pouvais quitter que par le train et ma pauvre pension d'invalidité ne me permettait même pas de retourner modifier mon état face à la justice. Donc il me faudrait attendre d'avoir soit une nouvelle voiture usagée chose rare à la campagne, les gens ne changeant pas de voiture très souvent car elles n'étaient pas endommagées.

Et septembre, me donnait plus d'un an d'attente à continuer mes présentations auprès du poste de police. Bien sur, j'étais sans nouvelles de mon fils et ma chienne, il et elle qui me manquaient malgré tout.

    Durant toutes ces périodes difficiles, mon état de santé en prenait un coup dur l'incertitude et la hantise du futur me travaillait, les émotions et mon état qui se détériorait de jours en jours, je dus faire une thérapie avec un psychologue sous conseil de mon avocat.

La SEP repris le dessus et me harcelait tous les jours qui passaient, le fameux médicament avait détruit une partie de ma vie avec des effets négatifs. De plus, j'étais à peine sortie de mon ACV qu'à mon retour à St-Jean sur Richelieu, une inondation avait endommagé mes boites et mes meubles dans mon appartement au sous sol donc de là, ma décision rapide de déménager à St-Tite dans les plus brefs délais. Je dus ramasser mon linge et des meubles en fer que j'avais, plus certains appareils électrique pour remplir ma camionnette par 2 fois et aller porter le tout à St-Tite où je n'avais même pas visité l'appartement où je vivrais. J'y amenais mes meubles et le peu de choses qu'il me restait et tout recommençait à zéro une fois de plus pour les électroménagers et set de salon comme tout le reste pour avoir le minimum et acquérir des biens de nouveau, tous usages.

J'en étais à mon quatrième recommencement depuis la maladie en 1991 en plus d'avoir perdu ma colocataire et ses parents tous décédés en moins de 8 mois à intervalle plus ou moins régulier ce qui m'avait une autre fois ébranlé dans ma vie au quotidien. Mais la plus grande perte fut Nicolas qui ne comprenait pas les drames vécus dans mon passé et qui de surcroit avait peur de ma réaction sans en connaître les raisons. Je ne pouvais pas lui expliquer de vive voix dû au procès et à sa réaction concernant son coté Gai, qu'il s'imaginait être la cause de tout. Ce que mon ex-femme ne lui fit pas réaliser par vengeance envers moi, d'avoir conseillé à Nicolas de prendre logement et de prendre son autonomie rendu à 23 ans, elle perdait son esclave pour le gazon et l'entretien du terrain qu'elle devrait payer pour le faire faire dorénavant, elle habitait seule et rencontrait de temps à autres de nouveaux hommes qui la manipulaient à chaque fois se retrouvant constamment seule avec de plus amples problèmes émotifs ; Ce qui lui arrivait était

à son avis à cause de moi et du divorce qu'elle avait elle-même demandé durant mon hospitalisation pour ne pas être obligé de me faire vivre à ses crochets. Le fameux fauteuil roulant et ma maladie n'étant pas soignable, elle craignait de m'entretenir toute sa vie et ses parents la poussaient de leurs cotés en lui montant la tête contre moi qui n'était pas Italien de nature. Son père et sa mère avaient le contrôle sur sa vie émotive et ses choix de vie au quotidien, mais ne s'impliquaient dans rien pour la soutenir. Entre la mentalité québécoise et celle d'italien calabraise c'était incompatible pour eux, je n'avais pas courtisé la fille et ses parents donc j'étais exclu de leur monde. Surtout qu'à peine sortie de l'hôpital, je vivais dans un autre appartement en colocation avec la thérapeute qui me rendait mon autonomie et que leur fille était seule avec mon fils par choix car j'aurais voulu le garder mais le juge et elle avait décidé du contraire. C'était la seule chose à quoi je tenais vraiment dans ma vie, mon fils Nicolas, elle tenait à se venger sur mon unique point faible. Le reste étant pour moi que des banalités de biens et meubles, je pourrais facilement compenser ce vide. Bref, ma vie avait du prendre le tournant des gros salaires pour une maigre invalidité jusqu'à mes 60 ans. Et de plus, j'étais constamment surveillé par les gens de l'impôt sur mes revenus qui se devaient d'être modeste sous peine de coupures pour mes médicaments que le Gouvernement défrayait à ma place.

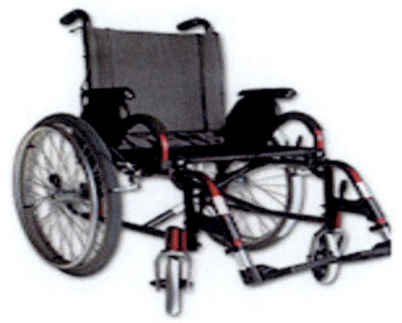

Les mois passaient et me semblaient éternels avec mes problèmes contre quoi je me devais de garder ma santé, j'écris ces lignes et il me semble encore revivre pareils choses vaincus à bout de bras et de volonté. Mais rien ne viendrait me nuire encore, mis à part la maladie sur laquelle je n'avais aucune emprise et mon obligation de ne pas contacter mon fils pour des explications normales sur des faits, dont je n'avais pas conscience ni connaissances et indépendants de ma volonté. La hantise de la prison m'empêcha de dormir très souvent comme un traumatisme incrusté dans mes mémoires. L
Les arts martiaux sont pour moi une excellente source de ressourcement physique et de valeurs morales. Dans ma jeunesse, j'ai fréquenté plus de 8 ans divers dojos et disciplines, dont le but premier était de calmer ma rage et parfaire mon éducation. Mais le second a pris rapidement le dessus pour en faire un mode de vie avec lequel j'avais des affinités et un profond attachement pour évoluer dans mon quotidien. Que ce soit, pour la relaxation ou l'entrainement physique ma vie fut changée par les années passées à comprendre le moindre de mes gestes

ou décisions personnelles. Mes actes ont toujours été réfléchis et étudiés selon les conséquences à long terme.

Mon Sensei a été pour moi une inspiration qui aujourd'hui encore me sert à voir les deux cotés de la médaille et non une simple face comme la majorité des gens le font. Mais avec la maladie parfois l'un empiète sur l'autre sans ma volonté et cela me rend irritable de perdre le contrôle de ma vie dû aux médicaments et à la sournoiserie de la SEP. Longtemps, j'ai toujours fait plusieurs choses à la fois, sans peurs, ni reproche face à ma conscience, mais après la maladie le contrôle n'a plus été le même par période. Ma mémoire me joue des tours et mes membres aussi ce qui m'enrage contre moi-même.

La SEP est une maladie qui ne tue pas, mais elle fait en sortes de laisser la porte ouverte à d'autres maladies plus dangereuses sur le système nerveux. D'où me viennent la haute pression et les hernies ou la perte de mémoire et la paralysie des membres vitaux comme la vision, les bras et jambes etc.

La méditation est pour moi ma dernière force sur mes organes et ma volonté de vaincre le plus longtemps possible la maladie et de paraître à demi-normal. Je peux ainsi me dire Pierre, tu es autonome le temps où tu marches et te débrouilles seul. A partir du moment où je ne serais plus capable de m'arranger seul, je prendrais les moyens de mettre fin à ma vie par moi-même dans un coin isolé dans un bois près d'un grand Saule qui sont pour moi signe de sagesses et de respect. Ancêtre de nos époques et seuls gardien de plusieurs de nos chagrins et pensées si majestueux et apaisant de la vie insatiable de notre quotidien. La chance que les arts martiaux effectués dans ma jeunesse avaient un côté Zen.

Ils m'apportaient des périodes de calme et de ressource dans mon quotidien.

Je pratiquais régulièrement certains kata par reflexes et cela m'aidait pour mon rétablissement. Durant des années très périlleuses, pour mon bien être, j'ai donc fait tout ce qui était possible pour avancer. Je me suis rendu compte et devait admettre encore une fois à quel point la vie parfois nous mène à agir sans en connaître les véritables raisons. Lorsque je me permettais de méditer ou me reposer je retrouvais l'énergie nécessaire à mon quotidien. Ce qui me rendait moins attristé était de pouvoir puiser en moi des énergies inconnues et d'avoir une vision différente de l'homme malade et amoindri de ses forces. De plus, le contact internet me stimulait très chaudement, grâce au soutien que j'en retirais auprès d'une amie incroyable et si dévouée.

Depuis près de 9 ans déjà, je communiquais avec une amie. Comme nulle autre ne m'a jamais soutenue, chacun de ses messages étaient comme une offrande au quotidien, même si de son coté ses journées chargées ne lui permettaient pas de venir partager comme nous l'aurions souhaité.... Parfois, elle m'encourageait à sa façon par un simple bonjour ou bonsoir. Etant mariée et avec des enfants à charge, avec le temps, elle parvenait à être une superwoman conciliant le tout de sa vie quotidienne avec nos très courtes discussions encourageantes. J'avais acquis de nouveaux chiens et un magnifique cheval noir d'ébène du prénom de Black Diamond dû à sa couleur superbe et son nom de joyau. J'allais me balader en pleine forêt pour me ressourcer, près d'un grand Saule et d'un mini étang dont j'étais le seul à connaitre le lieu, plus loin du village, je m'installais pour lire ou regarder les chiens jouer dans l'eau gaiement dans un sentiment d'insouciance total.

Tout comme le sont des roseaux près de l'eau, durs mais pliables devant l'adversité et les catastrophes, ils plient pour surmonter les pires intempéries et les défaites de la vie. Il faut savoir apprécier ce qu'est un arbre avant de vouloir se rendre sur la Lune ou à la conquête du pétrole seulement pour de faux besoins qui ne sont pas prioritaires à nos vies. Ce que j'ai retenu aux cours de mes études en arts martiaux est resté gravé, à tout jamais en moi. Le Sensei m'a appris tant de choses. Oui c'est de là que vient ma volonté et mon pouvoir de vaincre ma maladie au quotidien, c'est de là que me vient le besoin de savourer la beauté de choses simples et pourtant si complexe à la fois. La simplicité des choses est en fait la réponse à toutes nos questions insondables. Ma souffrance doit être comme le vent frôlant un simple roseau ou un chêne sous les pires intempéries.

La différence entre les arbres, la maladie et les arts martiaux, vient en fait d'une seule et même source qui est la concentration face à tous. Centrer ses énergies aux bons endroits, au moment présent, est la solution à tous les problèmes et forces de notre « KY ». Un peu comme lors d'un combat, en visionnant notre adversaire dans les yeux sans les quitter durant le combat car avant de frapper, il regardera un court instant où il le fera. Comme pour les arbres avant la pluie dont les feuilles se tourneront à l'envers pour survivre à la tempête et laisser glisser l'eau sur leur surface. Pour la maladie, une fois connue, des symptômes avant coureurs seront perceptibles grâce à l'attention portée à notre organisme. Mais il faut apprendre à écouter son propre corps et le plus possible ces choses pour les mettre en pratique, de la mon lien entre ces comparaisons. Voilà ma source de force et de vitalité et ma croyance en la réussite de tous les jours.

« Tout le monde connait le dicton, attention à l'eau qui dort car elle suit son chemin en silence ».

C'est un exemple que chacun de nous devrions mettre en pratique tous les jours à des moments où le calme semble s'installer, la tempête est proche pour sa prochaine attaque. Pour réussir sa vie, il faut, pour débuter, la vivre à chaque seconde qui passe du quotidien avec une attention parfaite, de là, mes exercices quotidien pour garder la forme même si pour cela je dois endurer la souffrance du moment j'en ressortirai plus fort dans le futur. C'est là ma recette de réussite face à tout ce qui m'arrive, même en période de désespoir presque total je dois forcer mon corps pour m'en sortir une fois pour toute. L'image du cowboy solitaire me vient de mon combat de tous les jours et l'amour des chevaux et des chiens dans ma vie.

Vous penserez peut-être que je saute du coq à l'âne mais tout est relié par la même énergie et la même volonté de vaincre les événements un à un sans réfléchir au passé mais plutôt prévoir le lendemain de façon préventive. Ma ligne de pensée va dans la même direction que mon histoire et les problèmes de ma vie au quotidien. Ma vision de la vie est grande ouverte sur le destin et à l'écoute de mon corps face au futur pas si loin que cela, le demain sera le hier d'aujourd'hui. Et comme je le dis souvent à mes ami(e)s, je n'ai que deux mains si je traine le hier et le présent, il n'y a plus de place au futur, alors que si je lâche le hier je pourrai prendre le futur avec ma seconde main. Ceci ne peut être que la logique de mon histoire et le soutien qui est en moi et mes ressources humaines avec l'aide que je peux recevoir de mes proches qui ne sont pas nécessairement, ceux à qui l'on pense.

Chapitre 5

Reprendre ma vie en main

Rien ne sert de me prendre la tête entre les mains et de me lamenter, il me faut vivre avec les évènements et mon fils restera toujours mon fils quoiqu'il advienne. Il est mon sang et ma semence. Après le mois de septembre, qui me coûtera encore plus de $300.00 en frais divers, je verrai à ce moment précis ce qu'il adviendra de ma vie selon la volonté du destin, je prendrai soin à me préparer au pire comme au mieux. Si d'ici là je trouve une voiture je serai chanceux d'économiser sinon, je devrai prendre la semaine pour me rendre au procès car les horaires de trains ne concordent pas tous et il me faut penser au coucher. Maintenant je sais que dans le système certains accusés le sont souvent à tort mais font les frais des mêmes détenus qui ont des sentences de longues durées, dans les mêmes conditions pour tous, sauf les grands criminels qui eux ont certains privilèges dont toute la population carcérale ne bénéficie pas de la même manière, il faut parfois pour survivre choisir son clan car je sais par expériences que tu ne peux faire ton temps calmement sans souffrir de la perte de liberté humaine.

La prison

Combien d'entre vous savent que les bandes de motards criminalisées ont des fonds de soutien pour chaque membre et pour leur famille. Oui, chaque membre donne $50.00 par semaine pour les détenus en prison pour défrayer leurs besoins personnels et surtout à leurs familles respectives et ce tout au long de leurs sentences. Le paquet de cigarettes dépasse de loin $8.00 pour atteindre près du $20.00 derrière les barreaux et un joint peut couter le triple de son prix vendu entre détenus, certains manquent d'argent, mais en échange peuvent être soumis à jouer la femme dans une relation entre deux hommes, pour rembourser une partie de leur dette qui n'est pas effacée pour autant. Le tout d'argent ou d'échange de biens est géré en transit par des comptes bancaires et après paiement, ils reçoivent ce qu'ils désirent, cela permet même à des conjointes de passer de la drogue dans leurs parties les plus intimes lors des visites en salle familiale le week-end. Eh ! Oui c'est cela la justice et si un détenu reçoit une cartouche de cigarettes dans les murs, les gardiens conservent la cartouche pour le fouiller et ne donnent que l'équivalent d'un paquet à la fois parfois aux 2 jours. Mais souvent ce sont les gardiens qui revendent dans les murs des paquets provenant de dehors, pour augmenter leurs salaires de base, au noir. Malheureusement, les détenus nouveaux ne sont pas prévenus de ces faits et se font plumer par les plus vieux qui sont très agiles dans leurs démarches.

La zone que j'ai surnommée ainsi est une partie de la cour de la prison. Elle est réservée pour les clans dans l'enceinte des murs et chacun doit respecter le secteur des bandes rivales, les noirs, les blancs, les ethnies etc, les motards de bandes différentes, les gangs de rues etc, les autres se tiennent peinard dans leurs coins sans dire un mot. Tout comme dans les Wing, tu n'as pas le droit de regarder ce qui se passe dans la cellule de ton voisin et ainsi de suite sous peine de représailles corporelles et encore moins de te mêler des affaires entre d'autres détenus.

Quand tu entres dans une cellule comme nouveau, le respect des lits de fer est aussi réservé au plus vieux pour le premier ou second étages des lits superposés, il manque des lits souvent dans certaines prisons qui débordent de prisonniers. Les cachots sont réservés aux fauteurs de troubles ou autres qui sont différents comme moi qui dors avec des machines pour respirer la nuit, on pourrait être étranglé avec le tuyau de la machine, simplement parce que le bruit dérange d'autres détenus.

    Le trou ou cachot, est dans la noirceur totale. Les prisonniers y passent toute la journée et la nuit sauf pour la période d'une heure passée dans une cour, située sur le toit, entouré de murs, de tourelles, avec des gardiens armés, faisant le guet du haut des airs, ne laissant que le ciel comme toit. Il y a bien l'infirmerie mais tu ne peux passer ta peine de 2 ans moins 1 jour dans ce coin de prison trop souvent plein.

Tu peux choisir de travailler ou de suivre des formations rémunérées à près de $5.00 par jour, qui est déposé dans un compte pour le jour de ta sortie de prison seulement. Tu dois tout acheter des détenus, autant télé, que des articles de besoins naturels en cas de nécessité radio ou autres car rien n'entre de personnel dans les cellules, tout est fouillé par les gardiens au poste de garde.

    Il y a un prêtre et une bibliothèque dans chaque prison et un service de livre qui passe sur les étages car tu ne restes pas dans la bibliothèque comme les gens du dehors. Les cellules peuvent être fouillées n'importe quand par les gardiens qui jettent au sol tes affaires et qui à la fin de la fouille te disent de faire le rangement de tout, incluant ton lit et ton drap avec oreiller très mince. Dans les murs Canadiens, tu es en jeans et t-shirt que tu dois laver à la main tous les jours, comme pour prendre ta douche tous ensembles en faisant attention de ne pas échapper ton savon par terre.

    Pour information les pénitenciers sont la plupart équipés de piscine, de BBQ pour des grillades de temps à autres lors de fête et reçoivent la visite d invités comme des chanteurs et chanteuses populaires durant l'année et lors de fêtes annuelles de gymnase et de divers autres jeux. Même qu'à une époque, ils recevaient des revues pornos comme le playboy Hustler, penthouse etc., pour le bien être des détenus alors que vous n'avez même pas les moyens de vous offrir gratuitement ces choses pour vous mêmes travailleurs. C'est parmi la population carcérale que les débutants apprennent à passer pour des professionnels du crime, même que certains vont en autobus réservés pour eux à l'Université poursuivre des études payées avec les fonds publiques sans que personne ne soit au courant dans les journaux locaux. Quelques-uns terminent la Maitrise dans certains domaines enseignés et par la suite deviennent des défenseurs de leurs compagnons de cellules et les conseille du mieux de leurs connaissances acquises à nos frais.

De là sont nés, les droits des détenus et autres services faisant partie de notre système carcéral. Mais le haut de la pyramide ne va jamais trop loin pour dénoncer ces faits pourtant issus de l'ordre du quotidien. Tout criminel pris en dehors du pays à droit de demander son transfert au Canada car nos prisons sont moins sévères que dans plusieurs autres pays du monde. Si ce n'est pas injuste, je ne sais ce que c'est comparé à des milliers de détenus qui ne sont pas extradés chez eux pour leurs peines de prisons. Les extraditions vers d'autres pays autres que le nôtres sont rares. Très peu de nos détenus vont dans leurs états qui pour certains ont encore la peine de mort pour certains méfaits.

Comme la loi dit dans certains pays qu'un détenu qui tue un policier, a droit automatiquement à la peine capitale alors que pour nous et nos familles la loi est différente et laisse l'ouverture à des peines sans la mort en bout de ligne. La question que je me pose est : « Pourquoi un détenu qui doit mourir doit-t-il faire 25 ans avant de voir sa peine exécutée avec peut-être la chance d'être sauvé par le Ministre de la justice ? » au lieu d'économiser sur les fonds publiques et de sauver $65,000.00 par an, à nos pénitenciers par individu. Si le crime n'existait plus combien de personnes serait à la rue sans travail y avez-vous pensé un peu ? Les juges, les gardiens, les policiers et autres cela ferait un grand trou dans notre système pénitencier. Le crime est payant si l'on regarde les emplois qui y sont rattachés et le nombre de pénitencier qui n'accueillerait que de petits criminels de bas étages pour des causes mineurs

Mes conditions à moi

Je n'arrive pas encore à comprendre mes conditions à moi face à la justice. Je n'ai jamais eu de prévention concernant mes droits civils et le droit à un avocat pendant l'interrogatoire, avant, pendant ou même après, seulement cinq minutes rendu à la cour de St-Hyacinthe où il m'a dit : « Monsieur, vous désirez sortir laissez-moi faire je règle le tout point final ». J'ai eu droit à un appel téléphonique au bureau de l'aide juridique, pour savoir quand passer signer mon admission à l'aide d'un avocat sans aucune autre prérogative de sa part ou des policiers en devoirs. De plus, après la sentence probatoire prononcée, je ne l'ai pas revu depuis si ce n'est deux coups de fils suivant mes demandes d'informations concernant le fait que je sois déménagé hors du secteur de mon fils à plus de quatre heures de voiture.

    Je demandais que le fait, de me rapporter au poste de Police soit modifié et que je puisse m'accommoder pour me rendre en cour, au début c'était en Avril et cela a été remis en septembre sans autre délai et sans aucun moyen de locomotion que le train de St-Tite à Montréal, avec transfert de Montréal vers St-Hyacinthe, par un autre train, qui n'est pas le même jour, ou par autobus qui demande un transfert du terminus vers St-Hyacinthe, qui n'est pas aux bonnes heures, pour être à la cour à temps et de coucher là-bas pour le retour le lendemain à Montréal, recoucher à Montréal avant d'avoir un train pour St-Tite, car le train ne passe que 3 jours par semaines dans son cas et à des heures non régulières de jour ou de soir selon le cas. Ce simple trajet me coute plus de $340.00, aller et retour, de chez moi de ma poche.

    Ce qui est impensable pour une faute verbale en disant à mon fils dans la vie : « tu vas assumer tes choses et que cela passe pour une menace de mort et voie de fait », parce que j'ai mis ma main sur son épaule.

La séquestration : est d'avoir demandé à mon fils d'embarquer dans mon camion pour m'indiquer où travaillait son petit ami sans jamais me le démontrer en se jouant de moi et me faire dépenser de l'essence pour rien. Si c'est cela une séquestration, je comprends pourquoi le nombre de détenu est si grand dans nos prisons Canadienne. Les méthodes de justice ne sont pas adaptées à chacun qui en fait les frais injustement, car mon fils a voulu retirer sa plainte et il a été refusé jusqu'au procès devant le juge et la procureur. J'en suis rendu à plus de $2000.00 passé depuis ma première mise en accusation et mon gite en prison et les démarches exigées par la loi.

Le choix des juges et des dirigeants de la loi.

Pourquoi les juges sont-ils nommés par leurs pairs au lieu de l'être par des jurés comme dans les procès. Ils seraient confrontés à une réélection tous les 5 ans par le peuple comme le sont les membres des jurés pour des criminels. Ainsi le grand public serait apte à choisir et subir leurs décisions. Provenant de la masse au lieu d'être la récompense d'un parti politique nommé indépendant tout comme les présidents ne devraient être élu pour un seul mandat sans chance de réélection du même parti qui nous mène souvent à des déficits impensables. La liberté de choix serait alors plus grande et plus juste qu'un simple jeu de chaises musicales comme présentement.
Ceci est ma propre opinion à propos de nos lois. Dans une grande entreprise si la direction ne donne pas satisfaction, les présidents sont exclus et non récompensés en étant réélus au sein de l'entreprise qui serait hypothéqué comme le font actuellement nos propres dirigeants. De plus pourquoi les dirigeant qui ont deux mandats ont-ils droits à une pension immédiate dès la fin du deuxième ? Alors que tout travailleur doit attendre l'âge normal de la retraite sans opportunité spéciales.
A mes yeux, la justice était beaucoup plus sérieuse que je ne l'ai constaté de moi-même, elle est à revérifier entièrement de A à Z, par les sociétés qui croient dans le

respect d'une tradition qui enclin les gens à avoir pour elle, un œil plus vigilent des droits et libertés. Un détenu pour meurtre doit être à son tour, mis à mort de façon radicale sans tout le tralala d'un panel pour le voir mourir.

Les autres devraient être corrigés selon la première ou troisième offense où il n'est pas récupérable après mures réflexions d'un simple panel de 7 personnes. Cela viderait nos prisons de récidivistes et laisserait place à des délinquants récupérable et non des Universités du crime comme présentement elles le sont. Il ne faut pas partir de la loi du talion qui est l'extrémité des choses mais de faits vérifiables par la société.

Un criminel qui est rendu à sa cinquième offense ne sera jamais récupérable quoiqu'on en dise et les grands patrons de cartels devraient être sans appels devant la justice une fois prouvé, car ils continuent de l'intérieur à diriger leurs organisations criminelles avec l'aide de gardien et autres employés de pénitenciers et même de magistrats corrompus. C'est comme les lois, concernant la DPJ, organisme qui ne compte pas les délits avant l'âge de 18 ans comme de véritables affaires criminelles majeures, ce qui encourage les bandes de rues à opérer sans vraiment avoir des sentences de dossiers pour de menus larcins.

Je suis pour la responsabilité de nos actes pénaux dans son entier sans distinction d'âge, ou d'ethnies qui choisissent d'immigrer dans un pays tranquille et y suivre leurs anciennes coutumes, qu'ils devraient abandonner en devenant membre à part entière du nouveau pays de leurs choix, en faisant fit de leurs vies d'avant selon leurs choix nouveau de pays. En acceptant une citoyenneté autre que celles de leurs naissances, ils devraient être obligés de suivre les lois et coutumes de leurs pays d'accueils, en étant informé dès le départ de nos traditions et coutumes mais surtout de nos lois ancestrales.

    Le retour à la vie normale est difficile même après quelques jours derrières des barreaux, car il y a des obligations à respecter qui ne font pas toujours notre affaire. Comme une période, avec un suivi au poste de Police obligatoire chaque semaine qui n'est pas évident, surtout lorsque l'on est sans voiture, habitant en pleine campagne et que tu peux à peine marcher sur une seule jambe, avec pour seul soutien une canne. Demander à un voisin n'est pas évident : lui expliquer le pourquoi des choses, un certains nombres de fois après la première sans entrer dans les détails, pour ne pas le rendre nerveux à mon égard, est aussi gênant que de créer de la pitié à cause de la SEP. Je ne suis quand même pas un motard criminalisé ou le membre d'une bande de rue, encore moins un criminel très dangereux. Mais ce n'est pas écrit sur mon visage même si je porte des cheveux longs et des chapeaux de cowboys ainsi que des bracelets de cuirs aux poignets.

    Ma tenue vestimentaire, ne reflète que ce que j'aime : les chevaux, mon coté bohème pour la nature que j'adore et la force spirituelle et combative des arts martiaux que je maitrise comme je vous l'ai expliqué. Je suis donc plutôt du genre solitaire, de là mon pseudo, préférant la solitude à la foule et aux gens qui m'entourent au quotidien. Je suis plutôt du genre introverti qui ne se confit pas facilement aux gens. Etant Zen de nature et un peu Moine d'instinct, aimant se

remettre en question constamment sur la simplicité de la vie, mes journées se composent d'entrainement pour mes forces des jambes et des membres des bras en frappant dans un sac de coton et faisant du bench avec des haltères de 20 kilos, je marche tous les jours 2 km, beau temps, mauvais temps, avec des poids aux chevilles de 10kg.
La plupart du temps j'écris et je monte des scénarios pour un jour mettre fin aux activités criminelles des motards et des gangs de rue.

Chapitre 6

La vie de tous les jours

Mis à part les exercices pour mes jambes, je médite et comme j'adore les chiens et les chevaux je vais dans une fermette du coin pour m'occuper des chevaux et du chien de la ferme en les brossant et lavant chaque jour que je peux m'y rendre. Ils m'ont adopté rapidement. Murmurer aux chevaux est ma passion plus que de discuter avec des humains car je sais qu'ils me comprennent et ne répèteront à personne les secrets que je leur confie. C'est une excellente thérapie pour moi qui suis peu enclin à aller vers les humains qui jugent constamment les gens différents de leur look.

De plus les ballades me font un bien énorme en forêt, en pleine nature, seul, avec le chien courant autour du cheval à sa guise. Rien ne vaut un coucher de soleil dans la forêt entre les branches d'arbres et les feuilles qui prennent une allure différente d'une journée à l'autre. Parfois j'apporte ma canne à pêche pour prendre quelques truites de rivière et le soir je les fais cuire sur le poêle avec des épices et un zest de citron.

Ici, parmi la population de St-Tite, le village du fameux festival western annuel, je peux porter mes chapeaux sans être trop jugés sur ma tenue. Ce festival attire plus de 650000 personnes dans un délai d'une semaine seulement et donne de l'ouvrage aux gens du village bénévoles. Il faut un an de préparation en ornements de toutes sortes.

Le festival

C'est la période de l'année où le village entier prend ses allures de fête pour les résidents et que tout le monde parle à tout le monde sans même se connaitre les uns et les autres. Le budget de la ville nous permet d'avoir des infrastructures comme dans une ville de plus de 4500 personnes en proposant le déneigement quotidien et le nettoyage des rues en été ainsi que plusieurs services sociaux pour la population entre autre des médecins etc. Nous sommes un petit village indépendant des autres car très chaleureux entre nous et toujours prêt à s'entraider avec les moyens du bord.

Même les coins de rues sont ornés de sculpture de chevaux et des têtes de chevaux sculptées indiquent la direction d'une rue. Nous avons même notre propre gare miniature pour se rendre à Montréal, le train arrivant de Jonquière. Le cachet est unique à la région et ses concitoyens, de la jeunesse à la vieillesse tous y trouvent leur compte pour des activités diverses. Depuis mon arrivée dans le village je vais de surprise en surprise en découvrant de nouveaux intérêts. Même si je suis à pieds je peux me rendre au bureau de poste et dans la grand rue aux magasins diversifiés, en m'arrêtant ici et là pour me reposer de ma marche quotidienne. Même si celle-ci est excellente pour mes jambes et me redonne des forces lentement de jour en jour, c'est une épreuve physique épuisante.

Ici c'est le retour au temps du far West, comme dans le bon vieux temps, tout le monde participe et c'est la folie totale durant deux week-ends et une semaine riche en émotions de toutes sortes. Les gens dansent et s'amusent jusqu'aux petites heures du matin, entassés dans des caravanes de toutes dimensions et diverses. C'est l'heure de la fête, qui recommence tôt pour les participants aux rodéos et autres compétitions avec des taureaux et veaux, des courses de barils et de lassos.
La foule vaque dans le calme sans anicroche ou chicane diverse, la bière coulant à flots dans les bars et les danses en lignes font des joyeux fêtards au son de la musique country et d'artistes invités de partout des Usa et Canada. Tout le monde sort ces plus beaux habits western et chapeaux provenant de Boulet, la marque la plus répandue dans le monde pour ces bottes et chapeaux de cowboy de réputation internationale.

Les jours tristes pour moi sont les changements de température trop soudaine, car mon corps réagit mal à ces moments d'imprévus, ma sclérose est un peu comme pour les gens qui font de l'arthrite. Ils ont mal aux os sauf que moi ce sont les muscles qui me font mal. Je deviens irritable et grincheux. Par période, les muscles se contractent, de là débute toute ma misère, le tiraillement et les brûlures ressentis, la paralysie momentanée à mon stade qui s'annonce créent en moi-même et envers ceux qui me connaissent comme une révolte incontrôlable pour dire non à cette crise. Je revois mon fauteuil roulant que je déteste et cela me redonne courage dans ma bataille. La maladie entraine les autres sources de mal, comme la haute pression et les hernies qui m'empêche de faire mon quotidien normal, parfois les allergies viennent se greffer aux reste de mes malaises et j'éclate en sanglot en pensant à mon fils, qui fait parti de mes émotions, il ne doit pas me voir ainsi, ni savoir que je suis en crise aujourd'hui, dans l'obligation de rester allonger faisant comme je peux dans mes nécessités du quotidien

Mes états d'âmes

Mes états d'âmes en période de crise sont ceux d'un looser, qui a perdu ses moyens par manque de volonté de perpétuer le combat de la maladie qui est plus forte que moi. Les épreuves arrivent toujours aux moments où j'ai l'impression de gagner sur la SEP et elles me ramènent vers l'arrière pour me dire : « Hé ! Tu es malade, ne m'oublis pas je suis là et tu dois ralentir la vitesse de ta vie mon bonhomme ». Juste le fait de nier, empire encore plus mes symptômes et de la suite, la hantise de me retrouver UN an et plus en fauteuil, j'ai déjà dit à mon fils que le jour où le fauteuil reviendrait plus d'un an, je ferais en sorte de m'ôter la vie, car je n'ai plus la force de combattre comme dans la trentaine, ni le goût de me battre pour une réinsertion quelle qu'elle soit.

A 57 ans, j'ai vécu la majorité des combats de carrière, que ce soit en publicité ou autres travaux que j'ai réalisés, j'aurai fini d'apprendre ce que le destin m'a permis d'acquérir dans ma vie très active. « Je ne saurai jamais assez », comme dit Jean Gabin dans une chanson « je sais, oui je sais, mais je sais qu'on ne saura jamais ». Depuis ma première crise en 1985, je vivais avec un léger mal de jambe comme des brûlures intérieures persistantes et des sensations de fatigue extrême durant la journée mais c'était tout, puis vinrent des paralysies partielles de quelques minutes environ à 10 à 20 minutes.

Ma vue s'embrouillait lentement donc je fis changer mes verres correcteurs ce qui rétablit le problème partiellement. J'en ai discuté avec mon médecin et ami de toujours qui me conseilla d'aller passer des tests réguliers dans un centre de spécialisé en neurologie qui en conclue en une paralysie partielle de mes muscles. Mais en 1991, une paralysie plus longue m'amena, à repasser des examens plus poussés sur les problèmes de santé vacillante et c'est à cette période que je passais presqu'un an à l'hôpital avant d'avoir le diagnostique de SEP parce que ma santé ne reprenait pas le dessus mais dépérissait lentement.

Mon neurologue ne pouvant pas me faire passer une résonnance magnétique dans un énorme tube ressemblant à un sous marin fermé aux extrémités et menant un bruit d'enfer ce test me dit-il est le summum pour connaitre les maladies incomprises, un tel test coute environ $25000.00 la séance pour l'hôpital, mais malheureusement le trou faisait 50 pouces de circonférence et je faisais 54 pouces donc incapable de diagnostique, il en vint à me dire : « je soupçonne une para parésie d'étymologie inconnue et le temps confirmerait ma SEP », ce qui se confirma et il fit faire un fauteuil roulant adapté à ma taille chose que je n'accepte pas du tout comme je le mentionnais au début.

C'est avec un acharnement soutenu que je vaincus le fauteuil de mes cauchemars et hantises. Je ne me voyais pas du tout en permanence dans ce fauteuil, qui me rendait impotent auprès des autres et je voyais la condescendance dans les yeux de mes connaissances personnelles et amicales comme si j'entendais à leur regard : « pauvre de lui si jeune ». Mais surtout en pleine carrière prometteuse avec un salaire dans les six chiffres, une auto et maison fournie que je perdis dû à la SEP, après ma réhabilitation de presque 2 ans je recommençais des cours en peinture et arts décoration, puis en cuisine/pâtisserie/boulangerie à l'institut hôtelier de Montréal, s'ensuivit des formations d'ébénisterie et rembourrage de meubles, qui durant une certaine période m'ont permis de réaliser des œuvres sculptées dans les meubles que je créais et pour des amis(e)s, puis l'aménagement paysager me fascinant, je pris une formation supplémentaire qui me fit réaliser un domaine entier appartenant à un ancien client en publicité. Ce fut la plus magique de mes créations, avec un budget illimité qu'il en fut extasié de voir, une ancienne ferme refaite en maison de bois, pièce sur pièce entourée de verger et d'érablières et ces bâtiments rehaussés de couleur.

Je n'arrivais jamais à me débarrasser de cette maladie de merde qui hantait ma vie au quotidien. Malgré toutes mes réalisations, je devais me reposer et faire les travaux à mon rythme cette dernière réalisation m'a pris presque 3 ans. Chaque détail était dessiné dans ma tête, même les yeux fermés je visionnais ce projet, je plantais des arbres et arbustes de petites tailles.

Aujourd'hui, au vue du résultat, je trouve l'ensemble magnifique, avec les années qui passent chaque plant prend sa place, expose ses atouts, rendant ce jardin charmant et reposant. Même si ma fierté, fut récompensée par des biens matériels et de bois d'œuvres, je reste encore perplexe sur mes capacités physiques et morales. Je ne tenais pas à perdre ma rente d'invalide devenue mon seul revenu de l'année, pension pour laquelle je me suis battu. J'ai du mener un combat durant un an au moins, avant d'obtenir la prise en charge de mes médicaments et soins à la maison. Il existe, de réelles difficultés à surmonter, face aux instances gouvernementales, qui allouent la rente mensuelle, cela est dépitant. Comme si nous n'avions pas déjà suffisamment de souffrances physiques et morales !

La SEP est une maladie toujours inconnue des scientifiques qui recherchent encore de nos jours le médicament qui soignera ces maux. Certes un palliatif pour atténuer la douleur est en vente mais ce n'est que pour les débutants. De plus, il ne fait que ralentir les effets à court termes et sans aucune preuve légale de rémission, personne ne débute ou a une évolution de la SEP avec des symptômes similaires que ce soit par tranche d'âge ou type de personne atteinte. Certains ont des crises sévères, qui laissent des handicaps physiques, d'autres seront paralysés sur un fauteuil ou un lit roulant, pour d'autres ce sera la vue qui diminuera, les obligeants à avoir un chien guide, autant de symptômes, que d'êtres touchés. Le système immunitaire est diminué par un manque de cellules qui se mangent entres elles comme si le cerveau ordonnait aux cellules de faire attention à un virus. Celles-ci par réaction se mangent les unes contres les autres sans véritable raison.

Certains chercheurs disent que la SEP provient d'un virus et d'autres de gênes mais aucun d'eux, ne possèdent encore la vrai raison de la maladie qui est mystérieuse pour tous. Ce qu'ils savent, c'est que c'est une maladie qui touche 85% de femmes et 15% d'hommes qui seront atteint entre 18 et 45 ans c'est tout. Statistiquement la majorité des gens le seront à l'apogée d'une période de leur vie surtout les hyperactifs, se donnant trop à leur carrière ou au quotidien dans la vie de tous les jours. De plus, la SEP apporte de nouvelles maladies car le système immunitaire est au plus bas, comme moi qui fait de l'hypertension, de l'apnée du sommeil, des hernies, des ACV, et autres qui se développent avec les années et les efforts que chacun fait dans sa vie, parmi les symptômes, il y a aussi la baisse de la vue et la dysfonction des couleurs. Pour vérifier cela, des tests tous les deux ans sont souvent demandés par la régie société de l'assurance automobile pour conserver notre droit à conduire, ainsi que des tests médicaux chez un neurologue.

    Chacun est différent dans l'avancement de la maladie mais la souffrance est parfois la même à un stade donné de l'évolution ce qui mêle les cartes de la guérison de la maladie. Il existe des clans où le virus est pour eux le départ et d'autres clans où la maladie trouve sa souche dans les gênes, mais aucun n'est encore passé maitre de la découverte de la maladie comme telle, ils cherchent chacun de leurs cotés la solution. De là, il faut savoir de quels côtés vont les dons, selon vos croyances, en ce qui me concerne ce n'est pas le départ mais le mieux être qui doit être la cause de vos dons, car la vie ne fait pas de cadeaux à tous ceux qui sont atteints par la SEP et rien ne bouge pour améliorer leur sort dans le quotidien.

    Je suis le seul pour l'instant à me battre pour cette cause qui doit être appuyé par vos dons si petits soient-ils. « P Couture 135 rue du moulin St-Tite QC CANADA G0h 3H0 ». Les fonds, servent à assurer au quotidien le bien être de personnes atteintes de Sclérose en Plaque, en facilitant sa source de vie et son bien être dans la société en générale. Il faut beaucoup d'argent pour les soins à domicile, qui ne sont pas tous gratuits, une partie est couverte par le Gouvernement et l'autre pour les médicaments qui ne sont pas gratuit pour les malades.

L'apnée du sommeil est dans mon cas, un arrêt respiratoire de 18 fois à la minute si je ne porte pas mon masque respiratoire la nuit, cet appareil se nomme un C-fpaf muni d'un masque d'aviateur et d'un boyau transparent laissant filtrer l'air par une pompe reliée à un gobelet d'eau pour humidifier celle-ci. Je risque de m'endormir trop profondément et de boucher mon entrée d'air normale dans la trachée.

Les médications que je prends sont des antidépresseurs pour ralentir mon surplus d'air causé par une augmentation de la respiration due à l'anxiété. Je peux être pris de maux de tête et de fatigue dans la journée sans ce traitement qui m'est essentiel. De plus je fais de l'hypertension qui par secousse gonfle mes artères d'eau dans les jambes et les bras pouvant aller jusqu'à un ACV au pire de la crise, je dois donc suivre la posologie de ma médication pour ne pas faire d'ACV. Ce sont des maladies qui se forment suite à ma SEP.

« Personne ne meurt de la SEP mais meurt des maladies adjacentes à cette dernière ».

Les journées normales.

En temps normal, je vais bien avec ma prise de médicaments aux heures prescrites, dans les bonnes périodes, je peux agir normalement et faire quelques légers travaux selon mes forces et en marchant 1 km dans ma journée, si je me repose entretemps 5 à 10 minutes avant de poursuivre le traintrain quotidien. Après le repos je poursuis mes activités sans faire trop d'efforts.

Ainsi je peux écrire ou dessiner des plans de toutes sortes pour le futur. J'adore dessiner ou peindre sur des meubles des paysages différents. Je possède deux programmes de dessin sur ordinateur pour des maisons et un autre pour faire des décorations intérieures et paysagements, ces logiciels sont d'un grand soutien pour mes activités, ainsi je ne suis jamais à cours de plans dans ces domaines. En d'autres temps je créais des meubles avec des articles recyclés pour mes besoins personnels dans mon appartement.

Chapitre 7

Parlons un peu de moi

Je suis très simple de nature et surtout un éternel optimiste, sauf pour des questions d'injustice, de prison, et me retrouver enfermé sans contrôler la situation. A ce moment-là, je suis totalement différent, le contraire de mon naturel, je deviens agressif et surtout très dangereux en me tenant sur mes gardes. Là, les arts martiaux prennent le dessus et je fonce tête baissée sur les évènements comme un lion prêt au combat pour sa survie, constamment sur mes gardes je ne dors que d'un œil, à l'affut d'un faux pas de mes adversaires, devant comme derrière moi, mes reflexes doublent de forces et d'acuités intuitive.

Mais il me faut une situation extrême pour devenir ainsi, sinon je suis un gros ours tendre et romantique à l'extrême. Je ne donne pas mon amitié rapidement et à tous, je suis sélectif et sur mes gardes longtemps avant de faire confiance et si je me sens trahi la porte se ferme à jamais.

La musique dans ma vie

Je suis un passionné de musique autant dans l'écoute que dans la pratique de celle-ci. Depuis mon tout jeune âge et plus particulièrement lors de mon adolescence, j'ai joué du saxo ténor et des percussions avec des groupes de musiciens semi-professionnel. Maintenant, certains artistes professionnels connus du publique m'invitent parfois à des James sessions avec des gens du milieu durant des nuits entières, je ressors de là épuisé mais si bien dans ma peau, le blues et la musique afro cubaine sont de mes préférées. J'ai la musique dans le sang depuis l'âge de 5 ans sans jamais avoir suivit de formation, je me débrouille très bien avec les rythmes. J'aime tout ce qui est fait avec passion et provenant des tripes, l'ensemble me fait vibrer d'émotions. Dans ce domaine j'ai de superbes amis qui pensent à moi pour une première partie d'un show dans un spectacle bénéfices ou autres. Et là ma crainte de ne pouvoir honorer cette invitation suite à une crise de SEP reste présente dans ma mémoire jusqu'au jour « J ».

Les arts martiaux et moi

En plus de 8 ans, à temps plein, je suis passé d'étudiant à maitre en arts martiaux, tous les soirs de semaine et week-end depuis mes 12 ans. J'ai évolué dans les arts martiaux dans 4 disciplines, qui se remanient en une seule à mes yeux pour le combat sans vraiment prendre mes propres forces à moi, mais celle de l'adversaire pour le vaincre par ses propres rages, de se battre contre moi (le hapkido) est un excellent moyen de s'enfuir d'une bataille avec éclat sans trop être amoché. Le tai-kwon-do lui est pour l'attaque, en tenant loin de soi son ennemi et surtout un sport de jambes, les jambes deviennent les armes favorites. Le bushido est l'art des anciens samouraïs avec le maniement des armes de poings et autres, il est la maitrise parfaite des arts de combat, en se servant de fumée et autres accessoires tels que le Bo, les nunchakus, les saï et kata na ou encore d'étoiles japonaises en cas de besoins. L'aïkido est un complément idéal pour s'endurcir le corps et l'esprit de façon radicale, il fait partie des sports d'attaque lui aussi.

Dans toutes ces disciplines, le mental est essentiel pour méditer et se sortir de situations provocatrices, mais l'art suprême est de courir après avoir couché son adversaire et ne pas chercher les bagarres. Un excellent bagarreur cherchera à éviter toute bagarre dans sa vie de tous les jours. Moi, je l'ai fait pour devenir garde du corps pour des hommes d'affaires de Montréal et pour payer mes études en graphisme et photographie. En plus de travailler les périodes mortes sur les grèves comme gardien de matériels d'entreprise et veiller à la sécurité des employés qui rentraient travailler durant les grèves, je devais travailler pour payer mes études collégiales et plus tard les cours privés avec des maitres reconnus du milieu.

Et cette maladie qui … Rend ma vie en général

La maladie me gruge peu à peu avec le temps, mais je me bats encore pour mon autonomie tous les jours que Dieu fait. Ma priorité est mon fils unique, envers qui je porte une grande fierté depuis sa naissance, il a passé ses études en si peu de temps grâce au talent qu'il possède, il a un quotient intellectuel hors de la normale, ce qui lui a

permis de sauter 3 stade de cours au primaire et de terminer le cegep et l'Université en pétrochimie et biologie avec de l'avance. Par contre, le fait d'être plus jeune que les autres à nuit parfois à sa vie sociale. Mais il a réussi à s'impliquer dans les scouts du Québec.
Avec les années il est devenu organisateur de sortie, planificateur de budget puis il a pris en charge l'exploration en canot-camping ce qui lui a permis de développer des affinités avec la nature et le respect des animaux.

Aujourd'hui, à 26 ans, il est en charge de projets et de chantier dans le béton et la surveillance des quantités de matériaux requis pour les chantiers. Ils font autant des over pass que des édifices et autres. Il n'existe au Québec que 3 entreprises dans ce domaine qui travaillent autant pour les autoroutes etc. Il a eut recours à des services de placements que je connaissais dans mon passé et c'est pourquoi il fait un salaire dans les 6 chiffres 000000.00 plus les avantages sociaux ce qui est super pour un jeune de 26 ans. Les frais d'autos inclus et un compte de dépense. Il se trouve chanceux et je suis fier de lui.

Ma vie de tous les jours est faite de douleurs auxquelles je me suis habitué et j'arrive à y intégrer des petits bonheurs quotidiens, je reste optimiste avec mes convictions qu'un jour, je serai presque normal, non pas guéri mais plus stable au quotidien et en mesure de vivre une pension plus sereine et moins néfaste sur mes émotions, qui sont disproportionnées avec des petits riens tant ma sensibilité est à fleur de peau. J'aimerais continuer à vivre en adéquation avec mon romantisme et de manière réfléchit car je me prive d'un bonheur qui est ma vie normale envers les femmes, je n'envisage pas refaire ma vie avec la maladie et faire endurer mes problèmes à celle qui deviendra ma dulcinée et concubine lors de ma pension.

Comment croire qu'une autre femme sera amoureuse d'un homme aussi touché par la vie que je mène, j'ai des vues sur une femme qui est loin de moi mais qui me comprend pour le moment mais pour combien de temps encore, lorsque nous serons réunis. Elle est tout ce que je recherche dans un amour qui pourrait être merveilleux, mes craintes restent encore les mêmes malgré son amour immense envers moi et moi pour elle.

Ma personnalité

En ce qui me concerne je suis de nature très romantique comme je vous l'ai mentionné dans les débuts du livre. Je suis un passionné des chandeliers et candélabres antiques et nouveaux mais en fer forgé pour aller avec mon lit, que je peux mettre à baldaquin selon l'espace que j'ai. J'aime l'époque des chevaliers et les images de la renaissance de style Monet, Manet, Renoir J'aime qu'une relation soit pleine de surprises de l'un et de l'autre par de petites attentions banales, bain aux chandelles et arômes suaves, une coupe de vin couronnant le tout sans oublier un peignoir préchauffé à la sécheuse au préalable, alors que je prépare un excellent repas chaud pour plus tard.

Durant ce temps, je viens masser les épaules de ma bien aimée, en lui servant des fruits trempés dans un chocolat fondu durant la journée, sans oublier la musique de fond d'un blues suave et langoureux. Toutes lumières éteintes je lui frotte le dos et les épaules effleurant à peine le haut de son cou de mes fines attentions pour la mettre en appétit pour la soirée, puis les heures passent lentement, je retourne veiller sur le souper fin et préparer la table avec d'autres chandelles et refaire le plein de vin raffiné. Je prends le peignoir chaud pour l'envelopper d'une douce chaleur divine, elle prend place à la table le temps que je lui serve par exemple un bœuf bourguignon ses légumes cuits ainsi qu'une salade césar et comme dessert un gâteau triple chocolat de mes recettes personnelles. Nous discutons de choses et d'autres se regardant les yeux dans les yeux accompagnés de jeux de mains très doux, le repas terminé, je dessers la table et l'emmène au salon pour qu'elle s'étende sur le divan et moi à ces pieds l'admirant amoureusement, une coupe à la main chacun, nous visionnons un fantôme d'amour son film préféré. Apres avoir rangé la vaisselle au lave vaisselle je cours prendre une douche chaude, pour m'enduire de Cologne qu'elle adore et je la rejoins au lit, très lentement je lui caresse le corps du bas vers le haut, sans trop m'attarder à son puits d'amour et remonter en dessinant des cercles autour de son nombril et me rendant à ses courbes de seins mignons afin d'effleurer à peine du bout des doigts faisant réagir ces derniers.

Je poursuis très lentement mes fines caresses sur son cou et ses épaules pour jouer dans sa chevelure soyeuse et lui bécoter la nuque et les épaules avant de la retourner sur le ventre pour reprendre le parcours inverse jusqu'à ses orteils que je lèche tendrement. Une fois mes découvertes dévoilées je la prends avec une fougue intense pour lui donner du plaisir et le mien par le fait, même une fois terminé, je recommence mon jeu d'exploration sans cesse toute la nuit jusqu'au petit matin ou le Soleil se lève dans la fenêtre.

C'est ce que j'appelle la confiance en l'autre du fond du cœur, si cela n'existe pas c'est que l'amour n'est plus et ainsi de même de l'autre car le mensonge se découvre un jour ou l'autre. Loin de l'autre même amplifiés les sentiments de le ou la perdre renforce l'amour avec les années. Il en est de même pour les enfants que l'on laissera respirer et mieux nous apprécier en bout de ligne.

Pour moi tout est passion si on y met de la volonté. J'adore les autos et les motos, l'équitation et les chiens, la déco et le paysagement tout autant que la restauration de vieux meubles rembourrés ou sculptés de mains de maitre. Je suis amoureux dans l'âme, si je trouve un intérêt quelconque dans certaines choses à travailler pour lui donner une seconde vie. Toute ma vie j'ai recherché des défis à surmonter et je le fais encore dans mon quotidien, pour moi la moindre parcelle de bois ou autre est un excellent moyen de développer mes talents, le temps n'existe plus pour moi depuis la maladie et les heures incluses, je travaille à mes heures et à ma volonté sans calculer le temps que je mets à réaliser des œuvres uniques. J'adore l'équitation près des voies ferrées et de belles forêts peu fréquentées ou personne ne se rend trop souvent.

Je suis un autodidacte de nature, je lis un livre et je peux tout de suite me mettre à l'œuvre sur un projet dès que je vois la base de quelque chose sur sa confection ou construction. Je peux recréer des copies exactes de diverses choses, tableaux ou autres plus raffinées dans un temps record. Je conçois dans ma tête et un peu comme s'il était déjà à l'œuvre en réalité. J'ai écrit 2 romans policiers dans le même été de chacun 245 pages.

Dès ma tendre enfance, je connaissais tous les instruments de percussions, de la batterie au xylophone en passant par les tam-tams, tai-bo ancestrales, par la suite sont venus se greffer le saxo et les congas et ainsi de suite, en plus de la danse qui me donne le rythme d'un cubain. Mon fils a le QI de son père depuis ses 5 ans et me surpasse en prenant de l'âge, mais pour lui, c'est le coté chimie ou pétrochimie qui compte le plus dans sa vie. Nous sommes des passionnés de père en fils, lui et moi, mes autres frères ne touchent aucun instrument ni les mêmes domaines, pourtant mon père jouait du clairon à piston. Dans l'armée, il était en charge du clairon tous les jours dès le matin très tôt, mais il a préféré la carrière de policier très jeune et a vécu jusqu'à l'âge de 66 ans en début de sa pension qu'il a prise à 60 ans, à la fin de sa carrière. Il a été très longtemps mon confident comme je le suis pour mon fils maintenant.

Mon père

    Mon père était un homme de respect et très travaillant dés l'âge de 14 ans, il faisait vivre ses parents et les frères et sœurs de ma mère pour qu'ils aient une bonne éducation et des diplômes, il a élevé plus de 5 familles en sus de la nôtre, ils vivaient tous chez nous durant leurs études, en faisant 2 jobs de jour et de nuit dormant le soir seulement, de livreur de charbon, livreur de lait en passant à la glace en hiver. Puis il a fait du taxi et de l'entretien ménager à l' hydro Québec, c'est de là qu'il a débuté comme policier spécial pour la sécurité du premier ministre du Québec qui l'a remarqué et lui a donné sa chance car il avait fait la guerre en France, 2 ans avec mon oncle, le frère de ma mère. Il a débuté comme garde du corps et a fait 38 ans ce métier au service de la sureté du Québec. Il a pris sa pension à 60 ans, il est décédé à 66 ans c'était mon confident et modèle de là, le prénom de mon fils Nicolas, il fut très touché de mon attention envers lui.

    Dans les années 1960, la vie était difficile et il n'a jamais été sur l'aide sociale par fierté, il a toujours été très actifs avec l'argent de sa pension, il a acheté pour ma mère un salon funéraire qui durant 25 ans nous a fait vivre en bonne famille à l'aise et fier, à sa mort ma mère a vendu 5 limousines et le salon pour prendre elle aussi une pension méritée, elle ne s'est jamais remariée et a vécu une pension très honorable avec des placements bancaires et la pension de policier de mon père qui lui donnait près de $40,000.00 par années plus ces actions et placements. Mes frères et ma sœur ont tous été diplômés et ont leurs entreprises diverses formant un clan sauf pour

moi qui déteste les loups de la finance j'ai fait mon bonhomme de chemin de mon côté en réussissant ma vie quand même et je suis fier d'avoir suivit les traces de mon père jusqu'à ma maladie qui lui a porté un dur coup au cœur, la seule fois où mon père a pleuré c'est en me voyant dans mon fauteuil roulant à plein temps, de là ma frustration du fauteuil.
Mon père n'était pas homme à démontrer ses émotions, il ne se confiait jamais sauf à moi après que je l'ai sauvé de 2 infarctus de suite en le réanimant et le menant à l'hôpital pour récupérer. Mon père mettait les autres avant son propre bien être, même s'il n'avait aucun diplôme, il a obtenu de l'institut de police grâce au ministre qu'il a persuadé et fait gradé en le prenant à son service au bureau de Montréal.

Il le suivait partout des semaines de temps et en risquant sa vie pour lui, c'est ce qui m'a donné le goût d'être garde du corps à mon tour quelques années, avant de changer de vocation. J'ai suivit ses traces à quelques reprises selon ses goûts. C'était un homme comme il en existe très peu, toujours tiré à quatre épingles, je n'ai commencé à porter des jeans qu'à l'âge de 33 ans seulement, avant je ne portais que des habits sur mesure et cela en tout temps. Ma mère est décédée 10 ans après lui, heureuse de sa vie mais surtout heureuse de rejoindre mon père où qu'il soit au ciel. J'ai élevé mon fils comme mon père l'avait fait pour moi dans ma jeunesse avec fermeté mais jamais de contrainte, que par des conseils comme j'avais eu de mon père dans le passé et je suis fier de lui aujourd'hui.
Comme mon père a marqué ma vie j'ai donné son prénom à mon fils en guise de reconnaissance car c'est

après ma maladie que nous étions plus près mon père et moi. Il appréciait d'avoir un petit fils portant son prénom et à son nom. C'était son chouchou à lui. Malheureusement il ne l'a connu que 4 ans car il est décédé en 1991, dans sa pleine jeunesse, mon fils au salon funéraire m'a dit : « il ne fait que dormir grand papa, moi, je vais le revoir demain comme d'habitude » ce qui me fit fondre en larmes. En le regardant dans ses yeux grands ouverts, je dus lui expliquer les raisons de son départ, le cœur gros et sans trop de larmes, Nicolas me dit « toi quand tu es parti, tu es revenu par la suite, il fera de même n'est ce pas ? ». Comment expliquer à un enfant de 4 ans que son grand père adoré ne reviendra plus que dans ses pensées ? Je lui dis : « chaque fois que tu penseras à lui fermes les yeux et parles lui, il sera avec toi, il sera ton ange » et aujourd'hui encore il le fait sachant qu'il est décédé il se confie à lui ou à moi.

Sa croyance en lui et le peu de souvenir sont gravés dans sa mémoire quand Nicolas me dit : « j'étais son préféré, il me le disait toujours. Tu crois que c'était vrai ? », Je lui réponds : « oui, tu sais, tu étais son égo et tu le seras toujours » et Nicolas me dit : « jamais je ne lui ferai honte papa, tu sais, il est dans chaque coucher de soleil que tu verras dans ta vie, et pour te prouver son bonheur il sera un arc en ciel superbe dans tes yeux. ».

Ce sera à toi de veiller sur moi dorénavant tu es l'homme de la famille. Face à ma maladie il a toujours été près de moi à tout moment même en jouant, il me disait « si tu as besoin de moi je suis là pour toi papa comme ton père me le disait tous les soirs dans mes prières du soir ». Une anecdote, je lui avais appris à faire le lavage du linge et après mon départ il s'obstinait avec sa mère pour lui dire : « tu ne sais pas comment laver le linge, il faut faire des tas au sol : les blancs , les couleurs et les foncés à chaque lessive c'est ainsi qu'on fait la lessive grand papa et papa m'ont montré donc écoutes-moi », il a fallu que je lui explique que sa mère n'avait pas appris ainsi et qu'elle faisait à sa façon, sa réponse fût « qu'elle retourne à l' école pour apprendre la façon de faire ». Je lui dis c'est notre façon secrète à nous, même aujourd'hui, il fait sa lessive de cette manière en se disant, je suis les conseils de papa et grand papa ainsi mon linge est toujours plus propre.

Mon fils et moi

Nous sommes devenus tellement complice qu'il sait d'instinct si je suis bien ou malade, il me contact à chaque moment de mauvaises passes et il me dit : « ne me raconte pas tes bobard je sais que tu ne file pas veux-tu que j'aille te voir même si je dois faire 3 heures de route en terminant mon boulot ? » et je lui dis : « non ne t'en fait pas cela va passer et sinon je t'appellerai ok ? ».

Nous sommes sur les mêmes ondes bonnes ou mauvaises comme je sais, s'il a des problèmes je le ressens aussi et je l'appelle pour le rassurer en lui disant je serai toujours là pour toi en cas de malheurs et il me dit : « j'ai demandé à grand-père telles choses et tu vois tu me contactes ». Il croyait m'avoir déçu en étant très près d'un copain qui est devenu son concubin mais j'ai été surpris oui, mais soulagé qu'il ne soit pas seul dans sa vie si engagée, il me croyait contre les gais et j'ai fini par le convaincre avec le temps de ne pas croire les mensonges de sa mère à mon égard que j'étais fermé à cela. Je lui ai dit : « vit ton quotidien et tu verras un jour si tu changes toi-même ta décision, mais ne mets pas tout le monde dans le même panier, avant de connaitre ce que tu veux de ta vie et sois heureux mon fils ce que les gens pensent tu n'en a rien à faire si tu es heureux ainsi ».

Nous sommes devenus tellement complice qu'il sait d'instinct si je suis bien ou malade. Ayant été séparé depuis plus de 20 ans de mon fils, je considère cela ainsi, car je ne le voyais qu'un week-end sur deux. Notre relation ne se développait pas à ma convenance, mon ex-femme faisait tout pour me faire perdre mon droit de père simplement par méchanceté à mon égard car elle croyait que je me battrais pour des meubles et ce ne fut pas le cas, de plus, je m'étais installé avec une très jolie femme, pleine de joie qui de surcroit était ergothérapeute.

Nous avions le loisir de passer des journées entières au gymnase alors qu'elle travaillait dans un bureau ou la jalousie était reine, de plus mon ex-femme qui était obèse et plaintive n'avait plus de place dans ma vie privée, excepté les relations obligatoires par rapport à Nicolas. Mon « Ergo » était légèrement grassette et enjouée, la collocation dura presque 12 ans et grâce à elle j'ai retrouvé l'usage de mes membres, jambes et bras, en près de 30 mois avec des exercices tous les jours, natation, poids et haltères, bicyclette et autres appareil de musculation qui ne sont pas dans tout les hôpitaux.

De plus les exercices se faisaient dans les moments de mon choix et non 1 à 2 fois par semaine, quand mon fils me rendait visite, je restais chez moi pour profiter de sa présence lors des congés nous rendions visite au fils de mon ergo. Je me souviens encore de ce temps, où je pouvais jouer doucement à la balle au mur avec mon fils et avec ces jeux à lui sur l'ordinateur, le week-end était un peu plus animé que le temps où je ne pouvais jouer avec lui étant paralysé.

A son âge, il me couvait en jeux me demandant si c'était lui mon ergo et je lui disais qu'il était le champion même à la piscine. Jamais il ne me parlait des choses de chez sa mère car je lui demandais d'où provenait certains bleus ou égratignures sur les bras et le corps, les jointures bleues et douloureuses car il me savait très sévère contre ceux qui le maltraitaient. Je fis rapport à la DPJ département police jeunesses, pour informer un représentant de ce que mon fils subissait depuis des années déjà. L'avocat me disait je ne peux rien sauf si vous passez par la DPJ et il pleurait chez moi gardant pour lui seul son chagrin en lui.

    Jusqu'au jour où j'ai été privé des visites pendant 1 an et que j'entamais des représailles avec la police, qui me suivait chaque fois où je me présentais le prendre chez sa mère ou sa grand-mère. Faire les choses légalement ne s'avère pas toujours des plus faciles, quand l'autre ne veut pas collaborer et ne fonctionne que sur le coup de la colère et de la vengeance gratuite. Ce qu'elle désirait en premier, c'était de rendre malheureuse ma vie parce que j'étais celui des deux qui réussissais le mieux amoureusement. Malgré ma maladie, oui j'étais heureux de ce qui m'arrivait et je le faisais paraître autour de moi car je redevenais autonome, je me suis juré que je ferais tout pour le rester, le reste de ma vie malgré les efforts qu'ils m'en coutaient et m'en couteraient chaque jour.

    Je puisais loin dans mon énergie. Certain matins je crachais le sang et je me sentais les os broyés et mes forces étaient vite épuisées, tandis que d'autres jours, je passais au travers sans trop de maux, mais la douleur était constante malgré tout et des pauses devaient faire partie de ma réinsertion, j'avais toujours peur de me reposer au cas où mes muscles ne voudraient plus persévérer au travail. La vision de mon fauteuil roulant dans le coin était motivateur de mes actions pour ne plus m'en servir aussi longtemps que possible, autour de moi, les gens ne voyant que mes efforts et non la maladie en finirent par oublier celle-ci. Me croyant très peu atteint et surtout plus autonome que ne l'était mon naturel. Ce qui n'était pas toujours facile à certaines périodes de ma vie car les ambitions étaient hautes pour moi au quotidien et je cachais aussi les réalités dans le paraitre. Ce qui est naturel pour l'être humain normal devient une tâche ardue pour celui qui doit constamment se forcer à bien fonctionner au jour le jour comme un bébé, qui réapprend à marcher et se mouvoir dans un corps d'adulte avec nos limites imposées par la vie, c'est à ce moment que nous apprenons que rien n'est acquis dans notre futur et que tout peut se perdre sans notre volonté.

Chapitre 8

Les fausses croyances

Il y a en nous de fausses croyances à savoir que les muscles et le corps nous sont donnés à la naissance pour évoluer et être actifs naturellement. C'est faux, tout bascule un jour par une maladie en apparence insignifiante, mais combien périlleuse, comme le sida, le cancer ou autres qui nécessitent une réadaptation plus ou moins longue et insoupçonnable. Nous devons réapprendre à marcher, à lire, à boire et se servir de nos membres comme à la naissance mais avec un âge avancé ou autre. Il faut tout reprendre à zéro pour obtenir une rééducation partielle, car tout ne revient pas au complet sans une orthèse ou une prothèse, les séquelles sont parfois irréversibles, sans médicament pour les guérir tout du moins, apaiser la douleur comme pour la sclérose en plaque qui est cruelle et sans repos. Il est obligatoire de prendre tous les jours son traitement au risque de rechutes possible, le mal est sournois et à notre insu se dissout dans les entrailles de notre corps pour diminuer notre système de prévention de maladie immunitaire ajoutant un poids supplémentaire au futur.

Une fois les globules touchés, ils ne réagissent plus et il faut une période de repos et de transfusion de médicaments pour refaire un surplus d'antibiotique dans notre corps mais surtout ralentir nos aléas de la vie.
Les jours passent et je dois endurer la douleur atroce qui me ronge de l'intérieur, ma jambe est constamment engourdie et comme en feu, mais je dois me taire pour

être comme les autres, sinon tout le monde me demande ce que j'ai et l'éternel refrain sur la SEP est de nouveau sur le tapis avec le pauvre monsieur, long comme le bras et les explications n'en finissent plus de suivre.

Je dois m'efforcer de faire comme tout le monde en marchant le mieux possible, afin de suivre le rythme qui n'est plus le mien mais celui d'un vieillard au ralenti dans la rue, même si parfois ils vont plus vite que moi à 57 ans, aucun matin n'est identique car je vis avec une épée de Damoclès au dessus de la tête, la paralysie sera-t-elle de ma journée ? Et si oui, pour combien de temps et de quels membres en particulier ou tous à la fois.
NON ! On ne s'adapte jamais à une telle maladie. Nous vivons le moment présent et seulement ce moment car les émotions ajoutent au stress, des symptômes qui sont de plusieurs natures, la moindre contrariété devient un élément déclencheur de la crise à venir ou non, donc il vaut mieux éviter les contrariétés du quotidien. Presque tout le monde dans sa vie, un jour croisera un SEP sans le savoir mais c'est parce qu'il aura travaillé fortement sa réadaptation. Personne n'admet la maladie elle-même, en soit il combat à tout moment du jour, il n'y a pas d'espoirs pour le moment et quiconque m'en fera la preuve évidente de rayer la maladie comme pour le cancer ou le sida gagnera 1 millions de dollars offert par ceux qui en sont atteint.

    Trop de chercheurs élaborent des théories différentes les unes des autres sur des virus ou transmissions par génétique mais tous s'accordent à dire que chacun à un stade donné, les malades seront recroisable sur certains points de la maladie sans en connaitre la raison, certain perdent la vision, l'usage des bras ou jambes, ou se retrouvent en fauteuil roulant ou lit à roulette le reste de leurs vies, mais tous combattent avec vigueur les symptômes nouveaux qui les réduits sur le plan physique. Sans parler des regards anodins sur leurs passages qui proviennent des gens aux alentours, même parfois, certains souhaitent voir l'évolution de la maladie pour parler à d'autres de leurs connaissances pour débuter une discussion sur un sujet qu'ils ne connaissent pas.

Rien n'est plus accablant que de tomber sur quelqu'un qui connait légèrement la maladie et qui s'obstine à vous dire son opinion brève de ce que ressent un autre malade, ayant des symptômes différents des vôtres et qui ne croit pas votre douleur interne et externe au quotidien. Vous aurez beau expliquer que chacun est différents de l'autre mais ils ne vous écouteront pas, croyant posséder l'ultime réponse de la maladie alors que des milliers de chercheurs eux-mêmes ne s'entendent pas à savoir l'élément déclencheur de vos symptômes. Elle est là et il faut vivre avec le stress qu'elle cause en vous, à tout moment de votre vie sans prévenir sur un élément nouveau, qui déclenchera de nouvelles douleurs morales ou physiques, la seule chose qui reste est l'incertitude du lendemain et même de l'instant futur dans votre journée.

Le gout amer des crises laisse en vous une sensation désagréable et le déjà ressenti dans le passé par d'autres crises, vous êtes à votre avis une demi personne dans les yeux des autres qui se disent pauvre de lui à son âge si jeune il avait une carrière montante. Leur regard réveille votre propre ressenti, entr'autre : le personne n'aura plus confiance en vos capacités ou acuité visuelle car il n y a pas lieux à une guérison possible avant au moins 50 OU 100 ans de vie comme nous le prévoyons tous un jour ou l autre. Le cancer existe depuis plus de 75 ans et ils ont à peine découvert une façon de donner une rémission possible à ceux qui en souffrent .ou même le sida est une autre anomalie dont meurent encore des porteurs malgré des médicaments qui retardent la maladie sans la guérir.

Ma vie n'est pas rose tous les jours si vous prenez les symptômes de diverses maladies en plus de la sp, mais il faut que je bouge pour rester à un stade presque normal de qualité de vie. Donc j'ai pris un très vieux hobby pour en faire mon quotidien, le dressage de chien de protection et la manipulation. Durant 30 ans j'ai adoré le contact des chiens agressifs pour les rendre maniable par le commun des mortels ou en faire des killers pour les services de garde sécuritaire. J'ai commencé à l'âge de 15 ans avec un dresseur de réputation provinciale et moi-même par la suite j'ai dressé des chiens pour la police et l'aéroport en recherche et détection de drogues. J'aime les défis .je m'amusais à entrer sur des terrains ou enclos avec des chiens de mauvaises réputations pour les rendre dociles à mes pieds .le combat entre un homme et un chien se fait par le mental avant tout dans un esprit de soumission et non physiquement. C'est la raison pour laquelle je l'avais choisi comme hobby le temps où je pratiquais les arts martiaux .la confiance de soi est extrême devant un chien comme les mastiffs napolitains ou autres matin du même genre. Je méditais constamment et j'entrainais des chiens à obéirent aux commandements tout en étant maitriser par le son de ma voix. Ainsi je performais a mon rythme et selon ma vigueur du moment présent.

Je prenais ce hobby comme sport extrême en mettant

parfois ma vie en jeux, ce qui faisait mon profit c'était de croire que je n'avais plus de vie normale et donc rien à perdre.
La vie est un éternel recommencement et c'est de même après une maladie qui n'a pas de ressources de guérison .il faut se remettre en selle dés que possible si on veut avancer et en faire quelque chose de bien.les gens ne vous voient plus du même œil et de la même façon, vous n'êtes plus le battant mais plutôt comme celui qui a perdu la bataille comme un ko à la boxe. Celui qui devra attendre après les autres pour être opérationnel c'est vous dorénavant et cela pour tout le monde ! Il y aura ceux qui diront oui mais dans ton état tu n'es quand même pas si mal… La compassion est la pire attitude envers une personne malade car elle nie la foi de reprendre sur nous et nos capacités à s'en sortir seul par notre volonté et nos forces. L'encouragement est le contraire du dénie et peu nous infuser la force et la persévérance dans nos actes.la sagesse est notre meilleur alliée dans notre état et il faut être à l'écoute de notre corps et ses besoins.
de là je me sers des arts martiaux pour méditer et réfléchir en période de crise ou même tous les jours en écoutant les moindre symptômes anormaux qui surviennent pour me protéger d'autres contraintes sévères ou non.il faut être attentif à tout ce que l'ont fait pour être au meilleur de sa forme au quotidien. Nous devenons plus attentif aussi au prés des gens qui nous entourent et le cœur est souvent sollicité face au mal et aux émotions qui nous font pleurer à propos de simples joies ou peines de la vie quotidienne. Pour moi le saule est significatif de sagesse car durant plus de 100 ans de vie il est le gardien de plusieurs secrets qui lui sont confiés et il tient debout

droit vers le ciel malgré vent et marées. Le roseau si frêle en apparence est lui aussi la force de l'être humain s'il accepte de se plier à la vie et aux grands malheurs qui passent. Les combats ne sont pas tous fait pour être livrés, parfois, vaut mieux les éviter si nous le pouvons et ce n'est pas par manque de courage mais pour se refaire des forces pour le futur. L'amour n'est plus perçu des mêmes manières non plus. C'est une amitié profonde et pure entre deux êtres qui s'entraident mutuellement. C'est le véritable respect qui prend place et qui nous donne la force de vivre en harmonie avec la maladie et le quotidien. Ce sont les principes de bases que j'essaye d'apprendre à mon fils dans mes gestes et ma mentalité. Une fois ces modes de vies compris le futur deviendra plus simple faces aux problèmes qui se présenteront dans sa vie.

Toute vie est belle à vivre si on est préparé au pire, le reste passe au second plan, même une carrière flamboyante sans la santé n'est plus vivable si on n'apprivoise pas cette dernière dans le respect de nos symptômes.

De toute ma vie jamais je n'aurais imaginé un jour me retrouver avec une telle maladie si dégénératrice et vicieuse que la p.j. j'avais une carrière en marketing en plein essor quand elle est survenue de nulle part, je faisais des semaines de 65 à 70 heures tellement j'aimais mon boulot .mes patrons me disaient tu es un gagnant né pour les affaires. J'étais un travailleur acharné comme l'est mon fils de nos jours .je devais être le premier dans ce que je faisais pour mériter une maison et une auto fournie ainsi qu' un compte de dépense et des frais liés à mes vêtements etc. je ne pensais qu'en fonction de mon

boulot qui était ma priorité et toute ma vie un véritable workoolique de nature comme disent les médecins . Chaque jour était différents comme défi et j'adorais cela. Je manquais de temps pour faire tout ce que je désirais réaliser j'aimais suivre des cours et être en avance sur les autres ainsi que faire des hobbies hors du commun. comme qui dirait plusieurs cordes à mon arc et je resterais au sommet .mais voilà dans la trentaine la maladie s' abattit sur moi sournoisement. et je paralysais de la tête aux pieds sans aucune raison à mon avis .En ce temps là j'étais actif donc en santé.il fallut plus d un an pour avoir le diagnostique de sp après plusieurs tests et éliminations de maladies autres avec mon neurologue qui était certain que le diabète était la cause. Il dût changer sa version ne trouvant nulle trace de celle -ci dans mon système. Il faut 3 diagnostiques de sp pour en être déclaré porteur et ce par des scanners à résonnance magnétiques élaborés.la bombe de ma vie tomba après tous les tests effectués. La révolte s'établit en moi, je ne voulais plus voir personne ni être vu de personne en me défoulant verbalement j'étais devenu vulgaire même avec mes infirmières et infirmiers sans aucune raison car ils s'occupaient très bien de moi en étant aux petits soins pour moi.
Tout s'écroula autour de moi, mon boulot et ces incitatifs. Tout tomba comme un château de carte ou de domino sans que je ne puisse rien y faire .Je reçus une indemnité de départ par un coursier et une lettre de remerciement car je n'étais couvert d'aucune sécurité d'emploi sauf une prime que je payais pour une simple pension de base en cas d'accident de travail ou de maladie. Même si la réhabilitation m'aida, je ne pouvais

reprendre le boulot car dans ce domaine tout évolue si vite que je n'étais plus à date. Il ne me resta plus que la méditation dans un premier temps .Puis reprendre des cours dans un autre domaine pour poursuivre ma propre vie sans espoir de retour, sinon je perdrais ma pension d'invalidité

Jusqu' 'à mes 65 ans. S'en suivit une multitude de formations à mon rythme car entretemps j'avais des poussées de sp qui se manifestaient pour me rappeler la maladie. J'entrepris des formations en ébénisterie /rembourrage artisanal, cuisine et pâtisserie/boulangerie, mais rien ne retenait ma passion excepté le dressage de chien que je faisais comme hobby avec celui qui était devenu un vrai copain : propriétaire du chenil.

 Les chiens et les chevaux me rendaient biens l'amour que je leurs donnais. Ce serait dorénavant mon métier premier en période de rémission de la maladie. C'est ce qui me sauva de la mort car j'avais de m'ôter la vie si je ne trouvais rien de plaisant.

le seigneur fait bien les choses je fus émerveillé par le fait de côtoyer les chevaux et les chiens ,je recueillis 4 chevaux malades et un couple de matin napolitain âgée de 2 ans ,un bleu et un brun pour en faire des gardiens experts sur le terrain que j'avais loué dans la forêt. Les chevaux souffraient d'asthmes et ne pouvaient galoper tandis que les chiens étaient pur et en pleine forme. J'apprenais à les brosser et les dresser au licou et la selle un étalon avec 3 pouliches superbes me redonnaient joies et bonheurs. Le couple de chien m'offrit leur première portée de chiots 12 bébés tous plus beaux les uns des autres. Tous les jours ils vivaient dans un ring et un grand pâturage abandonné d'un vieil éleveur à la retraite. Je

faisais mes promenades quotidiennes dans la forêt menant à un grand saule où je méditais des heures laissant s'amuser les chiens entres eux sous ma surveillance .par la suite jamais je ne repensais à mourir car mon bonheur était immense; personne ne pouvait être plus heureux que moi et mes protégés. Que d'heures ai-je passé sous ce saule prés d'un étang à réfléchir sur la vie et la joie de remarcher.mon fils faisait sa vie à sa façon et nous étions en très bons termes même éloignés
L'un de l'autre l'internet étant notre lien J'avais aussi une excellente amie en Europe à qui je parlais le plus souvent possible et nous étions des complices dans nos moments durs depuis de longues années nous étions copains et complice de la vie quotidienne chacun de notre coté de l'océan .elle m'a soutenu dans mes crises de sp comme dans mes moments de joies et même durant mon passage pour coups et blessures qui me value un weekend -end de prison. Deux jours qui m'ont laissé un souvenir amer. J'ai appris de cette expérience que la justice n'est pas ce que nous croyons vraiment. Durand l'année entière j'ai du me pointer au poste pour me rapporter comme suivant les règles chaque semaine.
Ce fut la période la plus belle de ma vie que de vivre avec des animaux affectueux et si attachants. Le matin je descendais au lac admirer les animaux boire les uns à coté des autres sans chicanes dans une harmonie totale. après chacun reprenait son rythme de vie en forêt en quête de nourriture le silence de la forêt était aussi sublime que le murmure des oiseaux chantant, un vrai paradis sur terre. Mais le soir venu je devais mettre mes copains dans un vieil enclos pour les protéger des loups et ours de la région car pour eux il n y as pas de temps

précis pour la chasse et mes chiens (bébés) restaient avec moi dans ma cabane alors que les adultes restaient avec les chevaux au cas ou .je me chauffais au poêle à bois et m éclairait à la lueur de bougies et lanternes, pour ce qui est de l'eau j avais une pompe avec un puits dans la cabane fonctionnant à la pression comme à l'ancienne c était une ancienne cabane à sucre du monsieur qu'il m avait louée Les jours passaient sans embuches ni surprise et si je faisais une crise de sp nous avions une entente le Monsieur et moi après 4 jours de silences de ma part il venait me rendre visite et prendre un café.

Le paradis sur terre était mien avec très peu de choses je retapais des meubles pour moi et j'en fabriquais pour le dehors avec des cordes et du bois d'arbres coupé à la hache et scié à la main. La semaine parfois je parcourais la route pour des ventes de garages dans les environs du village et je trouvais toujours des petites choses intéressantes antiques ou vieillotes.je passais pour un vieux cowboy à la retraite car je portais éternellement mon chapeau de cowboy et parfois mes "chaps" pour la poussière de la route, de la mon surnom de cowboy solitaire. J'étais bien seulement avec mes chiens et mes chevaux, je dressais des chiens pour la recherche de personne en jouant avec eux et mon vieux voisin et pour les chiens de protection je trouvais de l'aide en formant un maitre chien que je payais au mois cela me donnait un peu de répit de temps à autres. Je pris un autre couple de mastiff anglais pour la reproduction et la vente c'était le maximum que je pouvais accueillir sur mon mini ranch je ne voulais pas en faire une entreprise mais un loisir. Comme je fonctionnais avec des européens mes chiots étaient vendus dés la naissance il ne restait qu'à les mettre dans l'avion et les expédier étant payé dés le départ par un dépôt dans mes comtes bancaires pas de tracasserie dés le sevrage terminé ils quittaient et la vie continuais. Les frais d'avions et autres étant payé par l'éleveur en Europe mon profit était net je vivais très bien sans trop de besoins si ce n est la « bouffe » et mes cigarettes. Je laissais ma viande congelé et des mets congelés dans le congélateur de mon proprio au début du mois. Le congélateur placé dans le garage, tous les jours je passais à cheval prendre mes repas, l'hiver je prenais le ski doo du propriétaire pour me rendre à la cabane et je stockais des repas dans un vieux congélateur dans l écurie qui ne fonctionnait plus mais gardait la fraicheur des aliments J'avais parfois un peu de viande de braconnage provenant du proprio.

    Ainsi installé je pouvais vivre aisément sans me soucier d'extra dont je n'avais nullement besoin d' ordinaire l 'hiver les sorties se faisaient plus rare chez mon proprio car je restais dans mon bois avec mes chiens libres de gambader dans la neige sans dispute. J adorais voir mes chevaux s'amuser dans le ring extérieur et le pâturage à demi déblayé de neige. Je fermais les clôtures l'entourant et je posais des câbles solaires électrifiés assurant qu'ils ne dépassent pas les limites du terrain. Pour ce qui est de ma cabane elle faisait 10 mètres sur 7mètres entièrement ouverte en 1/3 sur 2/3 avec des truies pour chauffage et une grande aire de salon salle de jeu avec un vieux poêle a bois Bélanger et une table de billard prés de mon divan lit ,dans un autres coin mon lit baldaquin queen et un coin bureau me servant aussi de coin lecture comme rangement j avais trouve dans une vielle grange chez un voisin 2 grosses armoires de bois datant de prés de 50 ans et une vieille table me servant pour manger avec des chaises de bois que j avais natte de corde de rembourrage . dans l autre partie un bain de fonte trônant dans un coin et un fauteuil rembourre de mes mains me serait pour déposer mon linge et face au bain le puits à pompe à main était pré de l 'ouverture du grillage pour ma truie afin de laisser passe la chaleur et une garde robe fait main faisait le troisième coin tandis qu' un demi mur complet couvert de fenêtres donnait vie à la pièce .la maison couverte de planche de 2 pouces sur 12 pieds avec un plafond de 9 pieds laissant voir les poutres et les planches de vieux bois de grange et les murs entourés de 10 fenêtres étroites également de grange la porte d entrée basse mais hors normes de largeur très épaisse avec un œil de bœuf comme fenêtre le tout donnant un cachet antique à ma demeure. J avais fabrique des coffres de bois pour ma lingerie et mes autres effets personnelles .2 fois par mois je descendais chez mon proprio pour discuter avec lui et faire du lavage à cheval car mon auto ne montant le chemin qui menait à ma cabane elle restait au garage auprès de la maison du proprio durant la saison hivernale. Elle me servait juste à faire l épicerie aux besoins .la table de billard était vieille mais fonctionnelles appartenant au vieux fermier qui n'en avait plus besoin, et mes chiens adoraient la chaleur des truies pour se réchauffer. Quatre mastodontes dans la maison je ne craignais pas de visite importune d'animaux ou autres en plus de 2 carabines à pompes accrochées au mur du salon .les chevaux étaient brossés tous les 2 jours et mangeaient le foin et des sacs de moules apportés par mon proprio avec son tracteur et sa charrette 3 fois par année, il me livrait des ballots rond et mes sacs à moules en quantité industrielles. Avec joseph mon proprio j'étais choyé il me portait tant d'attention, c'était mon copain Joseph et nous étions tout les deux des ermites de nature.

Nous formions une bonne équipe depuis 3 ans déjà avant même que Ginette ne revienne sur sa décision de rester en ville, mais c'était son choix ma réadaptation étant terminée elle passa ces années avec son fils. De plus, elle désirait rester prés de chez sa mère et ses sœurs pour l'esprit familiale, donc elle habita au sous sol de sa sœur et voyait son fils toutes les 2 semaines .Ce qu'elle trouva long, elle qui croyait l'avoir à temps plein ; il préférait faire des soirées de disco mobile avec son père. Elle communiquait avec moi en contactant mon Jos qui me faisait les messages et me disait ta copine s'ennuie .Je lui disais moi aussi, mais je lui ai offert avant de partir pour la campagne de venir habiter avec moi alors à elle de se décider. J'étais aux anges dans mon paradis mais je le perdis à la mort de Jos la succession décida de tout vendre et je dus me trouver un autre endroit pour mettre mes chevaux et mes chiens .Mon fils prit les chiens en attendant et je vendis 3 chevaux. Je gardai mon étalon noir pour 4 ans chez un ami veto à Mascouche.je me trouvais une maison à Saint -Béatrix où le propriétaire a voulu profiter de moi une fois le terrain entièrement paysager, il augmenta le prix du loyer et ne voulait plus vendre à bas prix donc je dus déménager à saint Barthélémy avec Ginette qui revint pour 10 mois car elle s'ôta la vie en février en apprenant que ces 2 parents étaient en phase terminal d'un cancer qu'ils n'avaient que quelques mois à vivre .Ses parents étaient pour elle de l'or en barre .le loyer étant élevé je redéménageais pour me rapprocher de mon fils mais vous connaissez l'histoire, depuis je suis à st-Tite l'endroit par excellence pour un vieux cowboy comme moi où il y a un immense rodéo tous les ans . Je réside dans un 4 1/2 ou je suis très bien installé mais sans animaux, mon fils a gardé sur son terrain dans un enclos les mastiffs et n'a conservé que ma vieille beauceronne âgée de 11 ans et en pleine forme dans la maison.

Je pris la décision de déménager à Saint-Jean Sur Richelieu pour me rapprocher de Nicolas afin d'être plus à même de devenir de meilleurs copains et mieux se connaitre l'un et l'autre .Mais au bout d'un mois de vie à Saint-Jean il m'annonça son désir d'avoir une promotion dans une autre entreprise qui doublerait son salaire et ces avantages sociaux. Seulement il serait sur la route constamment. Certes c'était pour lui alléchant mais moi je serais seul dans une grande ville ne connaissant personne. De plus surtout je m'étais séparé de mes chiens et chevaux exprès pour lui Je fus fâché parce que je le verrais encore moins que du temps de mon coin de village où j'étais très bien et avec mes animaux adorables. Ma colère me fit déménager à Saint-Tite dans un plus grand logement. Je connaissais le propriétaire du dépanneur et certaines personnes ne seraient-ce que de prénoms .Je choisis Saint Tite que pour le rodéo et le fait de me sentir dans un village western aux gens agréables et aimables je n'avais plus de raison d'être proche de mon fils car il était toujours en déplacements pour son travail et les weekends end il faisait son ménage et s'amusait avec son colocataire à des jeux vidéo son temps pour moi était rare une fois par mois environ.

J'avais plus de services bénévoles pour m'aider qu'à Saint-Jean sur Richelieu. Ici les gens se parlaient même sans se connaitre ils me disaient bonjour et bonsoir tous étaient serviables gratuitement de bon cœur. Le village étant petit mais si aimable que je me suis adapté à eux rapidement. C'était une communauté particulière et très accueillante grâce à son festival western reconnu par le monde Américain et Canadien.moi qui était un passionné du country j'étais servi à souhait. Mon logement était pourvu d'une rampe pour fauteuils roulant et de grande dimension .Si bien je signais un bail pour 3 ans sans augmentation et à moindre prix. A Saint-Jean sur Richelieu j'avais laissé la majorité des meubles suite aux inondations et je dus et pus me remeubler à moindre cout .J'aimais ma nouvelle vie et ville même si je devais me rapporter à un nouveau poste de police pour ma cause d'agression du passé, il ne restait que quelques mois avant d' en être libéré et je ne reverrai plus la personne qui avait porté plainte. J'étais à 4 heures de route de son village……….

Diamond

Jessy

© 2013
Edition : BoD - Books on Demand
12/14 rond-point des Champs Elysées
75008 Paris
Imprimé par BoD – Books on Demand, Norderstedt, Allemagne
ISBN : 9782322034499
Dépôt légal : Novembre 2013